网络直播

从零开始学直播平台运营

李泽清 著

電子工業出版社
Publishing House of Electronics Industry
北京•BEIJING

内 容 简 介

随着越来越多的人参与到直播中，敏感的创业者从中看到了商机。为了让读者对直播领域有清晰的认识，本书系统地介绍了直播定位、盈利模式、平台搭建等内容，同时对直播内容给出理论和案例指导。

网络直播作为一种新的社交手段，未来的主要发展方向之一是持续创造优质的内容、营造场景化的社交体验。本书系统性强、图文并茂，便于让读者在阅读中体会直播的乐趣。

本书可供直播运营者、直播平台方、广大直播爱好者、品牌讲师等阅读参考。

图书在版编目（CIP）数据

网络直播：从零开始学直播平台运营 / 李泽清著. —北京：电子工业出版社，2018.7
ISBN 978-7-121-34538-8

Ⅰ. ①网…　Ⅱ. ①李…　Ⅲ. ①网络营销　Ⅳ. ①F713.365.2

中国版本图书馆 CIP 数据核字（2018）第 128599 号

责任编辑：张彦红
印　　刷：三河市龙林印务有限公司
装　　订：三河市龙林印务有限公司
出版发行：电子工业出版社
　　　　　北京市海淀区万寿路 173 信箱　邮编：100036
开　　本：720×1000　1/16　印张：15　字数：204 千字
版　　次：2018 年 7 月第 1 版
印　　次：2020 年 4 月第 6 次印刷
定　　价：59.00 元

凡所购买电子工业出版社图书有缺损问题，请向购买书店调换。若书店售缺，请与本社发行部联系，联系及邮购电话：（010）88254888，88258888。

质量投诉请发邮件至 zlts@phei.com.cn，盗版侵权举报请发邮件至 dbqq@phei.com.cn。

本书咨询联系方式：（010）51260888-819，faq@phei.com.cn。

前言

在“大众创业，万众创新”的时代，除了知名人士开始运营直播平台外，众多创业者们也希望站在“风口”飞起来。目前，国内视频直播平台数量超过200家，大型直播平台每日高峰时段同时在线人数超过400万，同时段直播房间数量超过 3000 个。一位人气很高的主播直播两个小时，收入30万元，一个大学生主播月收入能达10万～20万元。可见，全民直播的时代已经到来。

在移动直播兴起之前，用户一般通过微博、QQ、微信等社交工具以文字和图片为载体互动沟通。而今随着国内流量资费下降、网速提高，视频直播中的移动视频直播变得越来越普遍，像映客、斗鱼TV、花椒直播、熊猫直播、一直播、快手、YY LIVE这样的视频直播平台如雨后春笋般兴起。“视频社交时代”正在兴起。

“视频社交时代”是继“草根时代”“人人都是自媒体”浪潮后一股新风向，这种新的社交方式，不仅使用户与主播、用户与用户之间的交流实现实时化、扁平化、平等化，同时完成了社交化，而且用户不再固定于某一个时间、某一个地点或某一种需求，他们获取信息的渠道不再仅仅局限于单一媒体，更多趋向于多元化媒体，这也是很多人看好直播平台的原因。

此外，网络直播改变了普通用户的消费、娱乐习惯，这也将会影响当前互联网企业的格局，改变企业的传播途径和营销方式。全新的基于网络达人和直播的红利期时代已经开始。未来，国内将会诞生多家 10 亿美元以上的直播品牌，同时也将伴随着大量资本的血拼。那些拥有敏锐嗅觉的直播团队已经开始收获红利，而那些对原先盈利方式有路径依赖的企业或组织很有可能在新一轮的比拼中落后，甚至被淘汰。

本书从零开始教读者学习直播平台运营。除了采用典型案例分析外，本书还具有以下特色。

1．针对性、系统性、实用性

本书针对当前直播平台运营的难点，系统地介绍了直播定位、盈利模式、平台搭建等内容，本书的知识对运营网络直播平台非常实用。

2．内容新颖，符合当前趋势

网络直播平台运营是新兴概念，也是移动互联网时代的发展趋势。本书对这一新概念所涉及的运营内容进行了详细讲解，以帮助读者紧跟时代潮流。

3．读图时代，坚持图解王道

图文并茂是本书的特色，干巴巴的文字很容易让读者心生反感，而本书通过“图+文”的形式，让读者在阅读中体会乐趣。

4．去粗取精，完全“干货”呈现

本书为了让读者节省时间、提高效率，而内容简短、语言精练。

5．语言通俗易懂，使读者轻松阅读

网络直播平台运营虽然是一个新兴概念，但为了让读者容易理解新概念、新知识，本书采用通俗易懂的语言，帮助读者轻松阅读和理解。

轻松注册成为博文视点社区用户（www.broadview.com.cn），扫码直达本书页面。

- **提交勘误**：您对书中内容的修改意见可在 <u>提交勘误</u> 处提交，若被采纳，将获赠博文视点社区积分（在您购买电子书时，积分可用来抵扣相应金额）。

- **交流互动**：在页面下方 <u>读者评论</u> 处留下您的疑问或观点，与我们和其他读者一同学习交流。

页面入口：*http://www.broadview.com.cn/34538*

目录

1

直播或将取代微信，成为热门的社交方式

继微博、微信之后，新一代社交方式开始慢慢滋生，它就是网络直播。直播已成为2018年社交领域的风口浪尖，无疑是最火的互联网“风口”之一。在互联网圈里，总能听说有人要进军直播的消息，谁都想站在“风口”，让自己飞起来。那么在直播如此火爆的时刻，它能否取代微信成为热门的社交巨头？大家拭目以待。

1.1 1997—2020 年，互联网信息传播变化史

2017 年，直播平台热度飞涨，对投资人来说是一个巨大的“风口”。很多人都错过了参与门户网站、电子商务、社交等红利，最终只能看着百度、阿里巴巴、腾讯崛起，然后再看着它们成为互联网巨头。而直播平台的出现，意味着我们的机会来了。为什么直播会是一个新“风口”呢？下面通过一个例子说明。

此前，某喜剧演员的女儿在映客开始了她的直播首秀，当时吸引了该喜剧演员大批朋友和众多网友的关注。据报道，在她简单直播吃饭、唱歌等生活日常后，一日就入账 88 万元，赚钱能力秒杀其父亲。

直播无论是对投资者还是从业者，都是一次千载难逢的机遇。错过了这个“风口”，可能就再也飞不起来了。

人们口口声声地说“直播”，那到底什么是直播呢？准确来说，直播是主播通过录屏工具或手机在互联网平台上实时表演、玩游戏、与观众互动的一种新兴的在线娱乐方式。这种娱乐方式会经历四个时代，即直播 1.0 时代、直播 2.0 时代、直播 3.0 时代、直播 4.0 时代。直播 1.0 时代于 2005 年开启，从网络视频聊天室逐步发展为以美女主播为核心的秀场，然后再慢慢地演变成现在的移动视频直播。未来，我们将会步入直播 4.0 时代，开启 VR 直播模式。

我们先了解互联网信息传播方式的变迁史，方便我们对直播的四个时代有更深的理解，进而使我们的推断更有据可依。

从图 1-1 中可以看到，从 1997 年开始，互联网在中国慢慢走热，产生了百度、网易、新浪等门户网站，这些网站在初期以文字方式传播为主，

成功地获得了大量的时代“风口”的红利。后来，图片传播的形式出现，这正是百度贴吧、QQ 空间、微信公众号的主要传播方式。人们利用微博、QQ、微信等社交工具可以传播文字、上传图片和录播短视频，但是这种传播方式以第三人的视角，互动性差，信息量有限。不过，此时已经对传统的新闻媒体行业造成了一定冲击。

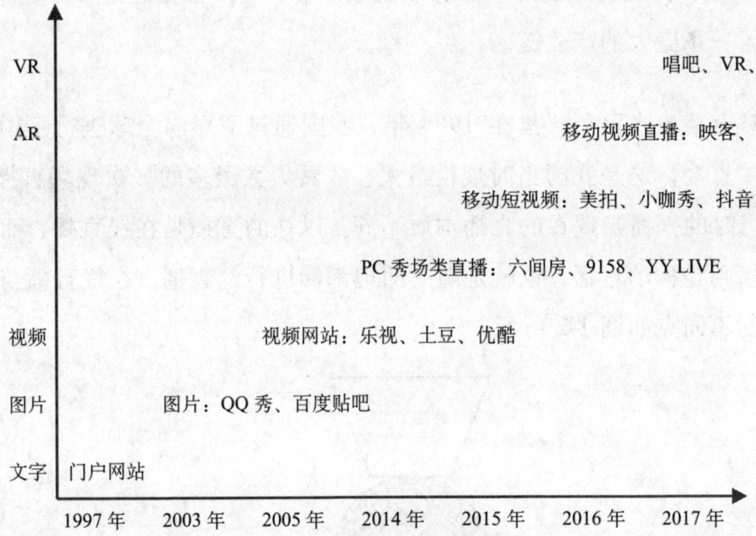

图 1-1　互联网信息传播方式演变图

随后，视频软件出现了，从传播的角度来讲，文字和图片只是简单的二维平台，而视频在与人交流方面更具优势，它的形态更丰富、信息更多元，能承载更为丰富的情感。视频之所以晚于文字、图片，源于其受到制作条件和信息传播技术的限制。

从图 1-1 中也可以看到，互联网信息传播变化史也是信息传递介质变化史，由文字—图片—声音—视频的方式向前演进，这也是我们为什么说直播将是一个有可能取代微信的“新风口”和资本巨头纷纷抢滩直播平台的原因。

1.2 直播 1.0 时代早已爆发，直播 4.0 时代即将来袭

2017 年，国内有超过 200 家移动直播平台，用户数量超过 3.5 亿，已经形成了一条庞大的产业链。

视频直播由来已久，早在 1984 年，我国通过卫星向全球进行了国庆盛典阅兵直播，这是我国当时规模最大、收看人数最多的一次现场直播。不过，当时的直播与现在的直播本质不同。以往的直播是在线直播，而现在的直播则是移动直播，也就是随时随地都能进行的直播。在线直播与移动直播的不同点如图 1-2 所示。

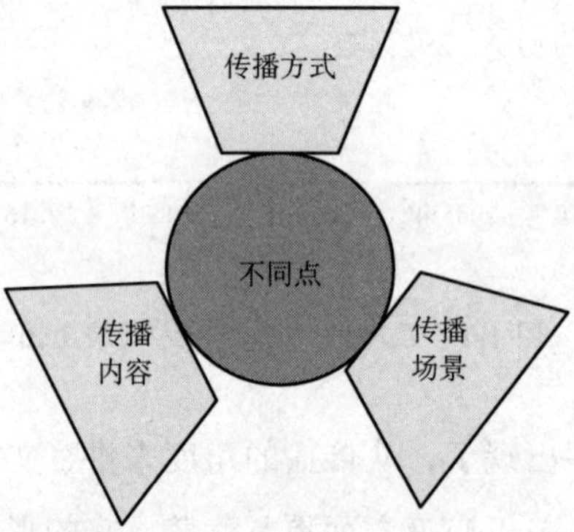

图 1-2 在线直播与移动直播的不同点

1. 传播方式

在线直播与移动直播的传播方式不同，在线直播主要依靠电视、PC（Personal Computer，个人计算机）等媒介，而移动直播主要依靠移动电子

设备。

2. 传播场景

在线直播与移动直播的传播场景不同，在线直播的场景一般在固定的室内场所，而移动直播强调“在现场”。

3. 传播内容

在线直播与移动直播的传播内容不同，在线直播的内容主要为主播的才艺，而移动直播的内容涉及范围要广，它能随时随地直播人们的各类生活，是真正的生活秀。

直播经过了 30 多年的发展，表现形式各异，互动性、即时性得到了增强。现在直播的发展优势如图 1-3 所示。

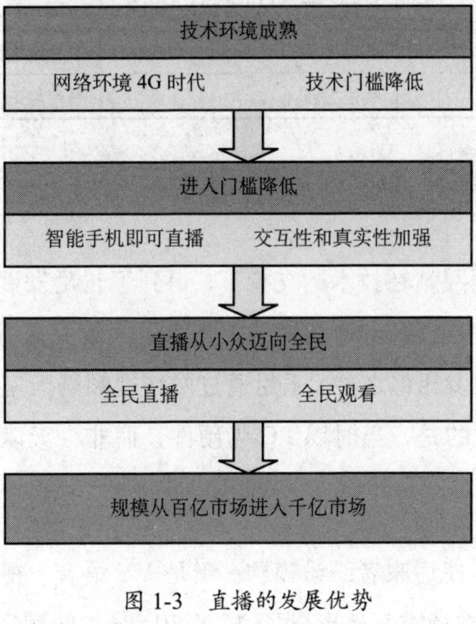

图 1-3　直播的发展优势

表1-1为网络直播从2005年到2018年年初发生的变化。其中，UGC（User Generated Content），即“用户原创内容”，是伴随着以提倡个性化为主要特点的Web 2.0概念而兴起的；PUGC（Professional User Generated Content），即“专业用户生产内容”或“专家生产内容”，是互联网术语，指在移动音频行业中，将UGC+PGC（Professional Generated Content，专业生产内容）相结合的内容生产模式。

表1-1 网络直播的演变

	2005年	2018年年初
拍摄设备	摄像头	手机+PC
接收终端	PC	手机+PC
场景	多为室内固定场景	泛场景
主播素质	才艺	美/才艺/技能/会玩/会说
参与者	专业主播	全民
带宽成本	30%左右	10%左右
内容成本	依赖头部，内容成本高	UGC+PUGC，内容成本低
内容形式	秀场为主	清秀场+泛生活
组织形式	娱乐工会	平台与主播

1.2.1 直播1.0时代：PC秀场类直播

2005年，视频网站在技术的支持下，得到了长足发展。以陌生人交友为核心的9158异军突起，迅速在网站上积累了大量流量资源。当时的9158与今天的直播有很多相似之处，采用通过网络视频聊天室与美女主播互动的方式。值得注意的是，当时以PC为硬件，而非今天以手机为代表的移动客户端。

9158的火爆，使后来者纷纷模仿。于是YY语音、视频网站六房间出现了。在当时PC秀场类直播形成了“YY+9158+六间房”的稳定格局，瓜分了 100 亿元左右的市场，开启了虚拟物品“打赏”的商业盈利模式，平台和主播共同分享用户的“打赏”收益。在直播秀场里，大量的“打赏”动作，其实是通过多种花样的虚拟道具完成的。用户通过花现实中的货币购买平台上的虚拟货币，然后用这种虚拟货币购买不同的道具并“打赏”给主播。最后，用户的这些“打赏”转化为人民币，主播和平台按照一定的比例分钱。

在 PC 秀场类直播时代，实时、互动的视频模式给用户带来了全新的体验，并使“打赏”这种商业模式得以发展。

1.2.2 直播 2.0 时代：游戏类直播

互联网出现后，游戏产业获得了快速发展。以电子竞技（Electronic Sports，简写为电竞，即电子游戏比赛达到竞技层面的活动）为核心的直播平台如雨后春笋般冒了出来。

早在 2014 年 1 月，以美国 Riot Games 开发的 LOL（League of Legends，《英雄联盟》）为主的电竞，其注册用户数以亿计。不仅如此，LOL 作为最具人气和影响力的网络游戏之一，还引起了游戏类直播的爆发，使用户养成了观看直播的习惯。游戏类直播的迅速发展，拓宽了游戏平台的变现渠道，比如，“打赏”变现、广告变现等。

从 2014 年开始，国内的游戏类直播也有所行动。例如，中国领先的互动直播平台虎牙直播从 YY 游戏直播业务中脱离，成为独立的直播平台。同年，斗鱼 TV 顺势成立，两者成为游戏类直播最初的双龙头。尽管斗鱼 TV 在近几年风波不断，但是其市场地位没有受到过多影响。

随着国内游戏规模不断扩大，看上游戏类直播市场的不只虎牙直播、斗鱼 TV 两家。2015 年，龙珠直播和熊猫直播成立。2017 年，斗鱼 TV 在武汉举办嘉年华，逾 8 万个粉丝到场，官方直播间超过 800 万个，网络观看量累计 5000 万次。

2017 年，游戏类直播用户比 2016 年增长 28%。与其他直播相比，游戏类直播赛事频繁、用户黏性高、直播时效性强及观赏性高，成为传统秀场以外的第二个独立战场。

1.2.3 直播 3.0 时代：移动直播、泛娱乐“直播+”

PC 不易携带的缺点给移动客户端的发展带来了机会。以手机为代表的移动平台仅需下载一款 App 即可观看直播。

2015 年，移动直播 App 如雨后春笋般出现，比如映客、花椒直播、易直播等。这些 App 受到众多“80 后”“90 后”和“00 后 ”用户追捧。

移动直播 App 可以陪伴一个人度过一整天，如果直播平台或主播做得比较好，许多小伙伴会将其分享出去，让更多的人过来观看，这注定了移动直播 App 的爆发之势不可阻挡。

此外，明星的加入给直播 App 锦上添花。例如，2017 年 6 月 22 日，某超人气偶像组合通过映客 App 直播合体四周年仪式，人气居高不下。

让人惊讶的远不止于此。2017 年 9 月 20 日，某女星通过花椒直播宣传电影，在直播中一直与网友聊天对话，期间其男友出镜，两人合体直播人气破千万。泛娱乐是未来的发展大趋势，本书第 2 章将对泛娱乐全面讲解，在此一带而过。整体来说，泛娱乐领域“直播+”将从生活的各个方面向文化娱乐产业转移和渗透。其模式不只是演唱会直播、赛事直播和综艺节目直播等，我们会在后面章节中详细讲解。

1.2.4 直播 4.0 时代：VR 直播

VR（Virtual Reality 的缩写，即虚拟现实）这一概念早在 20 世纪 80 年代由美国 VPL 公司创建人拉尼尔（Jaron Lanier）提出，由于当时的技术原因，一直没有实现。这一技术可以简单理解为通过技术让人感觉看到的场景是真实的，例如谷歌眼镜、3D 技术都是其表现形式。与平面化的视频直播相比，VR 直播能够让用户在逼真的环境中产生代入感，进而提高其体验。

花椒直播曾在北京举办 VR 直播平台战略发布会。在发布会现场，花椒直播的总裁吴云松表示："'VR+直播'天生就具有黏性。"直播是一种明显的一对多模式，一位主播会面对成千上万名观众，其中大多数用户是沉默的，只有少数人会选择与主播对话。

而 VR 直播意在提升用户的参与度，打破手机屏幕的限制，让用户能与主播进行 1 米内的"近距离"接触。当然，花椒直播的投入比较大，仅硬件设备就投入了 5000 万元，平台免费发放 10 万个 VR 眼镜以及 1000 套 VR 拍摄设备。

在 3D 成像方面，花椒 VR 直播使用双目摄像头。通过技术优化，用户可以看到更逼真的 3D 场景。同时，利用算法减少用户观看时的不适感，达到令使用者感觉身临其境的效果。

随着直播模式日趋火爆，VR 直播让观众可瞬间穿越时空，进入他人视角。慢慢地，更多的 VR 直播也会进入人们的视野。虽然目前 VR 技术还不够成熟，体验也不算完美，但是这种直播方式会越来越多地从幕后走向台前，站在时代的“风口”上。从现在的发展形势来看，VR 直播将成为未来直播的趋势。

1.3 正在到来的“直播+”时代

随着直播和互联网的发展，在“互联网+”的基础上，“直播+”随之出现。“互联网+”和“直播+”在原理上很相似，都是与其他行业跨界融合。直播在向“直播+”演进的过程中，逐渐进入更多的细分垂直行业，如图 1-4 所示。

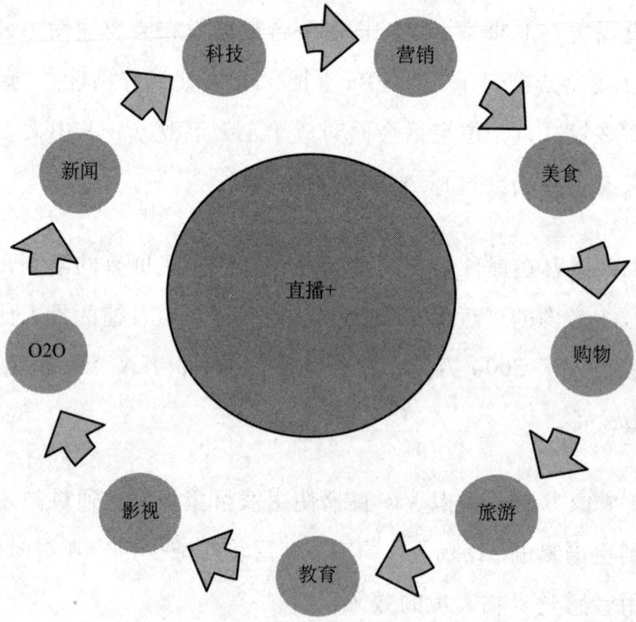

图 1-4 “直播+”

在“直播+”时代中，各行业都可以与直播结合。比如，企业可以通过直播与用户互动，从而增加用户的黏性；教师可以通过直播给学生上课；

记者可以通过直播形式播报现场情况。如今，直播已经从在线直播发展到移动直播，这让直播更加便捷，而且还能实现全场景直播。总之，直播的这些优势都将为直播平台带来更多的商业价值。

在“直播+”到来之际，中国在线直播平台数量已经超过 200 家，这些直播平台上演“百团大战”，让投资界纷纷入局直播平台，不仅有马化腾、雷军等互联网大佬入局争抢，还有不少明星的参与。据相关统计，2017 年已有 108 个直播 App 获得融资。在被资本大力追捧的直播市场中，芒果 TV、暴风影音等大型视频网站也蜂拥而入。

在直播平台“百团大战”之际，联想控股旗下独立的专业风险投资公司君联资本，曾经向哔哩哔哩（bilibili，B 站）、米漫传媒、微影、微赛、如涵电商等泛娱乐项目投资。关于未来的投资战略，君联资本董事总经理邵振兴透露，在过去，君联资本投资的领域较宽泛，今后则会更加专注专业领域的投资。

邵振兴还表示，在直播的混战中，最后没有获得投资的直播平台会很少，从需求角度来看，直播会有垂直需求，但是目前能获利的只有娱乐传播和映客的“打赏”模式，这种模式会获得大量的流量。其他功能性的直播需求，很难形成商业模式，流量也不容易聚集。因此，对其他平台来说，不能只追求功能丰富，而要让功能之间形成相互关联与互动。

娱乐互动直播 YY LIVE 在 2017 年参与了对探探平台 D 轮 7000 万美元融资的投资，目前已经拥有音乐、科技、户外、体育、游戏等细分直播领域。YY LIVE 除了冠名直播《快乐男声》外，还与卫视频道深度合作，为直播提供流量入口。此外，YY LIVE 还将从细分领域入手，在直播内容上进一步生活化，打造厨艺、旅游、车展等领域的直播。

最早进入中国市场的外资投资基金 IDG 资本专注投资中国以技术和创新为驱动的企业。面对直播领域的投资热，IDG 资本副总裁童晨认为，许多龙头企业已经进入直播的某几个细分领域（比如秀场类直播）进行深耕，对创业公司来说，它们想从中分一杯羹的机会已经很小了。不过，创业公司可以寻求这几个热门领域以外的模式，比如探索什么样的内容、社区和氛围可以吸引用户，而不只是单纯为了直播而直播。

根据华创证券预估，直播行业的市场规模将飞速扩大，可能会从 2017 年的 340 亿元增长到 2020 年的 1060 亿元。在直播密集融资的背后则是平台用户量的迅速增长。在不久的将来，直播必将经历一次大范围的洗牌。对此，有业内人士称直播之争将是各大互联网巨头的又一次收割。

各巨头投入直播的资本，除了少量补贴在用户外，大部分资金都用来补贴能吸引用户的主播以及流量的再分配。目前，除了通过支付平台充值送礼、购买平台会员换特权的方式外，有关直播的很多变现渠道还有待挖掘。由此可见，未来的直播必将出现更多的支付场景。比如，电竞直播目前已经带动电竞主播网店的销售，教育类直播则会涉及课程收费问题。因此，直播是一个连接支付的高频次平台。

在直播的“百团大战”之中，直播除了带来更多的支付场景外，还将深刻影响互联网企业的格局、改变企业的传播途径和营销方式，并且改变普通用户的消费习惯和娱乐方式。在大好市场面前，很快就会诞生多家 10 亿美元以上的直播平台，与之相伴的还有大量资本在这片市场的拼杀。

1.4 直播为什么这么火爆

直播到底有多火爆，下面让一组数据说话。某女演员的直播曾经让映客在 5 分钟之内瘫痪，粉丝在线人数突破 17 万，总收看人数高达 71 万。

我们从近两年全球的电视节目类型分析。眼下比较火热的节目类型是真人秀、直播秀节目，这与受众的喜好有关，观众看惯了明星在电视、电影中的表演，更想看的是他们在日常生活里的样子，而直播刚好满足了受众的这一心理需求，其内容真实、丰富，兼具互动性和不确定性等因素，能很容易传达出人们的真实情感。

2017 年 8 月 5 日，一场世界巡回演唱会在南宁举办，在演唱会当天，主唱歌手受到万众瞩目，其在演唱会前的直播关注度更是有增不减。

当天下午，主唱歌手在演唱会开始前通过一直播跟网友来了一次直播互动。在直播中，该歌手对演唱会开始前的准备工作进行了拍摄，一会儿吃吃东西，一会儿露出一些搞笑的表情，时不时还与工作人员互动，并和一直播的网友聊天。此次直播让网友从“更真实”的场景中得到满足。短短的 18 分钟里，该歌手就获得了 2400 万个赞，直播累计观看人数达到 2248 万，还获得了 7 万人的评论。

由此可见，直播已经渐渐进入人们的视野并获得了广泛关注。除了关注明星的真实生活外，人们还把目光转向了一些有看点的普通人身上，这就是近两年很火的“网络达人”。从“网络达人”到“网络达人经济”，这个领域正掀起一波热潮，并在国内呈现井喷之势。

此外，直播的内部优势受到了网民的大力追捧，除了内部因素外，移动互联网的普及、资本的追捧以及以上所有的综合因素，都是直播火爆的原因。

1.4.1 用户追捧

Facebook 的创始人兼 CEO 马克 · 扎克伯格在一次采访中说“直播是目前最让我感到激动的事”，从他的言语中，我们能够感觉到，他已经感受到了直播的巨大魅力。除了马克 · 扎克伯格对直播非常喜爱外，国内各互联网大佬们同样也开始热情地“拥抱”直播。

互联网大佬、明星以及资本疯狂追逐的直播，在不知不觉中影响了很多人。普通用户开始在手机上安装各种直播 App。这让主打社交互动的素人直播平台火爆了起来，大型素人直播平台，比如映客、花椒直播 App 的用户更是达到了千万以上。那么直播为什么那么火呢？纵观当前比较火热的直播平台 App 之所以让用户着迷，不外乎 5 个原因，如图 1-5 所示。

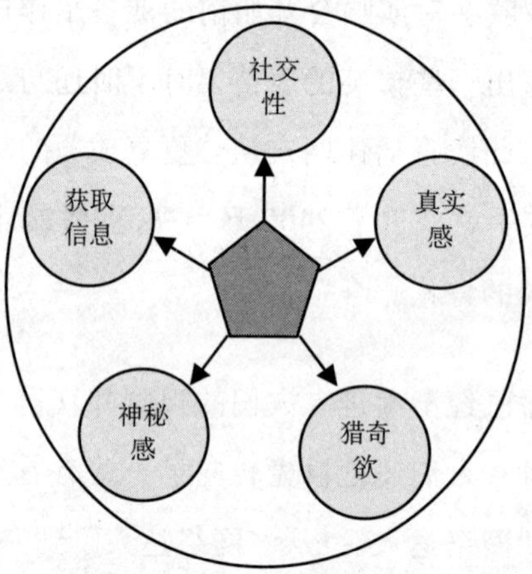

图 1-5 用户对直播追捧的原因

1．社交性

优秀的主播都非常注重与观众的互动，不会只顾自己“玩耍”而对观众不理不睬。因此，主播在直播平台“表演”的同时，还会对观众的在线提问给予回应，有观众“打赏”他们时，他们会立即感谢。另外，主播对用户提出的唱歌、跳舞、讲笑话等合理要求也会尽量予以满足。

正是直播的实时回应以及与其他用户互动交流功能，使用户缓解了面对移动设备时的空虚与孤独，产生了一种被陪伴的感觉，这与发送弹幕观看视频一样，让用户感觉到和其他人在做同一件事，那样他们会觉得很开心、很有参与感。直播对用户来说，是一种即时聊天，所有用户都能收看并参与互动，就像人们在线上集体参加聚会一样。因此，很多年轻人都乐于参与。

社交工具是目前人类生活必不可少的一部分，纵观这几年社交娱乐互动平台的发展，无论是早期的BBS，中期的猫扑、天涯、豆瓣、贴吧，还是现在的直播，互动社交从单纯的文字社交，发展到图片、音频社交，再到现在的现场直播社交，逐步实现了从二维到三维的历史性转变。所以，现在的直播之所以这么火爆，是因为它能满足人们更深层次的社交需求。

2．真实感

直播最大的特色就是让人们的交流变得场景化。人们通过观看直播会产生那些帅哥、美女主播近在眼前的感觉，而主播们在直播中所处的生活场景，也会让观众感觉如同身临其境。可见，直播改变了人们对自己的偶像只能远观的想法，拉近了用户与偶像的距离，这对用户来说无疑是一次大的突破。

3．猎奇欲

现在很多直播内容都带有很强的猎奇色彩，比如，主播直播吃新奇美食、出国旅游等，这些内容满足了那些平时没机会、没时间做和玩的人的需求，他们可以跟着主播“亲身”体验很多平时无法做的事情。这是现在很多人都愿意去直播平台看直播视频的主要原因。

4. 神秘感

直播能让用户了解一些看起来很隐秘的东西。比如，明星的私人生活是什么样的。之前某著名歌手的女儿直播该歌手的梳妆台，就引起了众多网友的围观，因为人们都想看看明星的私人生活是什么样的，这就是神秘感带来的用户流量。

5. 获取信息

“直播+教育”是直播的一种主要模式，很多人利用直播丰富自己的知识，学习更多的技能，比如考试、炒股、做美食、化妆、健身等。

正是由于直播满足了人们的多种欲望以及获取信息的渴望，用户才对其疯狂追捧。因此，在运营网络直播平台时，一定要抓住用户的这些心理特点，这样才能打造出让用户青睐的直播平台。

1.4.2 技术加持

毫无疑问，任何新晋潮流的突飞猛进都离不开技术的加持，直播也一样。它之所以能快速进入火爆期，离不开技术的进步，导致直播火爆的技术原因如图 1-6 所示。

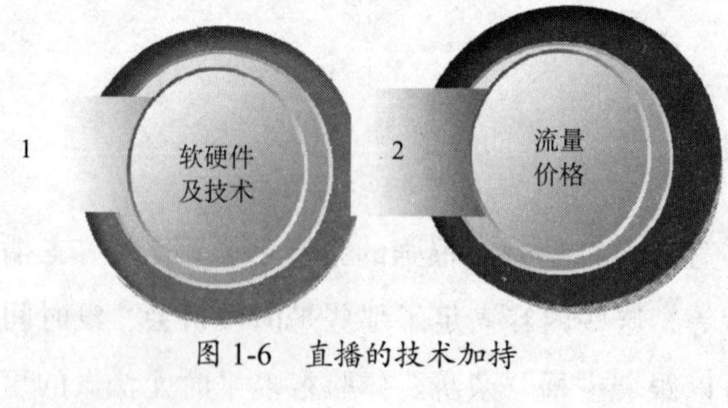

图 1-6 直播的技术加持

1. 软硬件及技术

软硬件以及技术水平的提高，让设备的操作难度大大减小，这就使直播的门槛降低了。PC 端录屏软件性能的提升，能更好地满足主播的需求，为主播提供更多样化、个性化的直播方式及内容。

此外，智能手机性能的提高，让直播交互更方便，互动感也更强烈。以前置摄像头为例，从 2012 年 9 月推出的 iPhone 5 开始，前置摄像头达到了 120 万像素，到 2017 年 9 月推出的 iPhone X，前置摄像头就猛增到了 700 万像素，让前置拍摄更加清晰，增加了主播直播的动力。从前置摄像头的发展可以看到，短短 5 年，技术发展得如此迅速。

再比如，体验最好的强社交视频直播 App 在直播，其整个界面非常简单，只有 6 个功能按钮，下面的 3 个按钮是“看直播”“直播”“排行榜”。点开直播内容，网友可以自由发送弹幕、实时点赞。利用在直播，用户可以随时随地用手机发起视频直播。

如今，我们已经进入移动 4G 时代，Wi-Fi 的普及率很高，这使得网速大幅度提升，移动场景下的直播变得更顺畅。随着智能手机硬件性能的提升，以及美颜摄像头、编码硬件、云端存储等软硬件技术的进一步发展，直播内容的生产和传播拥有了更好的环境，直播画面更清晰，直播更顺畅。此外，设备技术的优化升级大大降低了内容的生产成本以及用户的消费成本。

2. 流量价格

免费 Wi-Fi 的高渗透和 4G 网络的普及，直接降低了流量的门槛，人们购买流量的费用越来越便宜。流量的价格优势是网络直播迅速发展的主要原因之一，这意味着用户只需花少量的钱或者不花钱，就可以在各种场景下进行直播。

在未来，直播的发展会依靠技术创新，通过创新引入直播的新玩法和新模式。比如，手机应用软件 ME 直播首创了手机直播连麦模式，这使得用户除了可以与主播分享视频、文字互动交流外，还能够直接与主播进行语音对话互动，形成双视频直播。总之，直播通过技术加持，会变得越来越真实化、人性化，也会吸引越来越多的用户加入。

1.4.3 互娱共生

马克·扎克伯格曾说："在直播中，人们参与互动时会感觉它用了更人性的方法把人与人联结在了一起，这是我们在社交沟通上的重大进展，同时也创造了人们聚在一起的机会。"

直播的最大优势是能实时互动，让视频内外共同娱乐。实时互动主要通过直播弹幕的形式实现，让观众直接参与到直播中，使观众产生一种临场感。这样的互动在直播中很频繁，因此直播平台大多具有社交属性。

社交是人类生存不可缺少的一部分，互联网的发展让社交进入一个新阶段。在这个阶段中，社交的内涵更加宽泛了。社交按照关系强弱可分为熟人社交、陌生人社交，按照领域可分为各类垂直领域社交，按照信息承载方式可分为图片、视频社交。当社会变得越来越组织化以后，生活变成了社交，工作也变成了社交。现在的人们越来越害怕孤独，所以社交成为强需求产品。

在电话和互联网出现后，人类交流可以冲破时空障碍，其社交进化史为文字—图片—语音—视频，如图 1-7 所示。不久以后，VR 也会成为一种新型社交方式。

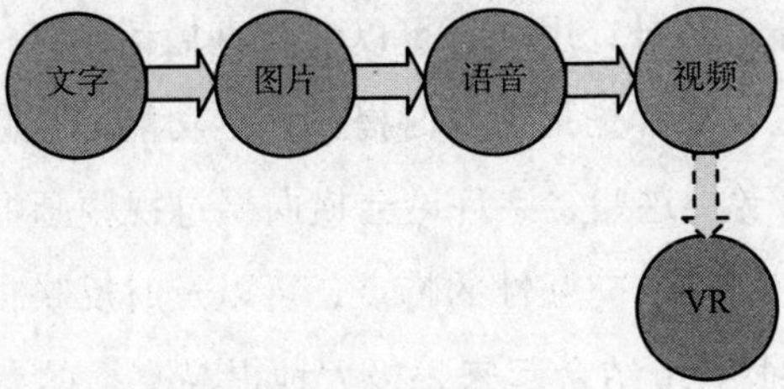

图 1-7　社交的进化史

电话和手机的出现使人们可以通过电话和短信满足自身的社交需求。接着，BBS、QQ、微信、陌陌、微博等网络社交产品出现了，但是，这些产品的社交形式基本上都是以文字、图片、语音为主，视频并非主要的交流工具。随着新技术的发展，人们逐渐开始习惯视频聊天。视频是双方信息传达最完整、最客观，其信息量损耗也最少的模式，不亚于面对面的线下交流。在视频聊天被人们接受以后，人们又玩起了网络直播。

传统直播平台 Twitch、YY LIVE 等多以电竞游戏类直播吸引观众，随着网络直播的发展，本来以电竞比赛直播为重要宣传方式的电竞产业无疑又迎来了一个春天。直播让电竞游戏变得更加平民化，玩家可以在玩游戏的间隙打开直播实时观看其他玩家玩游戏的视频，而不是单独在屏幕前自娱自乐。这种直播模式让电竞游戏更接地气，不仅使喜欢电竞游戏的人持续增多，也吸引了越来越多观看直播的人。

如今，电竞行业朝着多元化的方向发展，娱乐化、生活化的直播平台可以让粉丝看到从未看到的幕后工作。例如，赛事组织者是怎样在幕后策划筹备比赛的，这些会通过直播平台以最真实的面貌展现在用户面前。据相关调查数据显示，使用直播的人群中 70%以上的人自己玩电竞游戏，近 90%的人经常看电竞内容。用户可以在玩游戏的间隙随时打开直播观看，增加了用户的黏性，提高了用户的忠诚度。

除了观看直播视频外，用户还可以参与直播话题讨论。目前，用户主要用弹幕互动讨论。弹幕是指在及时提供评论功能的视频网站上，以字幕形式显示的文字评论，这些文字评论会横向飘过视频画框或悬停在视频画面上。弹幕具有即时性、交互性的特点，可以及时反映视频效果，它能与"二次元"宅文化很好地结合起来，极大地提高直播的参与度。据相关统计，69%以上的游戏类直播用户都会使用弹幕参与互动。

直播作为现在一种比较流行的社交工具，从在直播和 17 App 用户群来看，直播的社交方式受到众多年轻用户的追捧。YY LIVE 和 9158 的主流用户以 18～30 岁的年轻男性为主，其中消费能力最强的付费主流用户年龄比较大。从目前的形势来看，直播将成为未来的主流社交模式。

虽然现在直播非常火爆，但当前移动社交直播的社交程度还很低。为了加深直播的社区度，实现互娱共生的社交模式，每个平台都在探索如何做好陌生人社交，增加用户黏性和提高平台变现的能力。

1.4.4 资本助推

对直播公司来说，目前直播还是一项"烧钱"的高投入活动。一方面是由于直播对带宽的要求很高，直播公司每个月的带宽费用支出是一笔不小的花费，特别是大型直播平台，每个月的带宽费用甚至可以达到数千万元；另一方面，为了更好地吸引用户流量，平台还会支出很多人员费用，比如和主播签约、购买游戏版权等。因此，经营直播公司需要投入大量的资金，这就需要资本的投入。直播公司背后的投资方如图 1-8 所示。

虽然直播很"烧钱"，但是其回报是不容小觑的。2017 年第三季度 YY LIVE 的营业收入为 30.923 亿元，同比增长 48%，而虎牙直播第三季度的营业收入为 5.835 亿元，业绩也呈现大幅度增长。预计到 2020 年，直播行业市场规模将由 2017 年的 340 亿元增长到 1060 亿元。

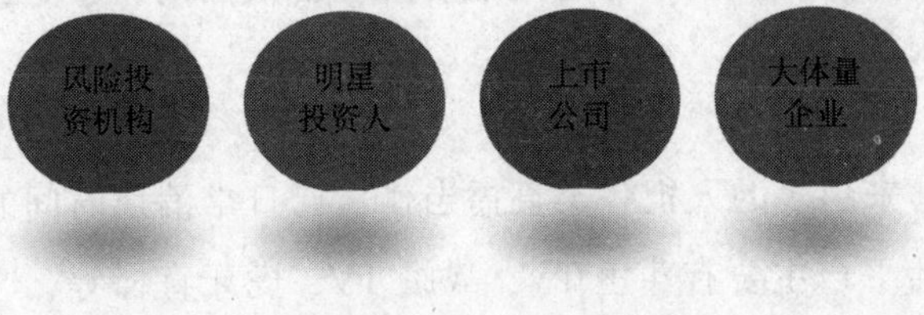

图 1-8 直播公司背后的投资方

面对如此广阔的市场前景，许多精明的大佬也将目光转向直播市场。例如，以王思聪为首的投资人对直播市场大胆注资，其投资的直播平台有熊猫直播和 17；徐小平投资了在直播，荣获“2010 年最受尊敬天使投资人”奖项；腾讯不仅投资了斗鱼 TV，还在其视频网站上开通了腾讯直播板块；奇虎 360 董事长周鸿祎收购了花椒直播；小米公司 CEO 雷军上线了移动直播；秒拍获得了新浪微博等投资方的 2 亿美元融资……

近两年来，源源不断的资金流入直播市场。2017 年，多家直播平台获得大笔投资，比如虎牙直播完成 7500 万美元的 A 轮融资，斗鱼 TV 完成 10 亿元的 D 轮融资，还有很多直播平台处于 A 轮甚至 A 轮前。刚性需求与强大资本相对应，给视频直播市场加足了马力。

高新科技引领着世界的潮流，VR 直播将成为未来大趋势，当带宽足以支持时，直播会成为最受欢迎的传播方式。

1.5 直播的衍变趋势

现在，直播领域已经发生了翻天覆地的变化，原来的在线直播演变成了移动直播，一个人只要有一部能上网的智能手机，就可能变成电视台。

“移动”“在现场”和“生活秀”让直播发生了革命性的变化，特别是明星的加入，明星们的私人生活通过直播展现在公众面前，这更加引起了人们对直播的广泛关注。

如今，越来越多的人把各类直播当作自己日常消遣时间的工具，年轻人关注的直播平台主要有斗鱼 TV、战旗 TV、虎牙直播等，这些平台的一线主播受到的关注度丝毫不亚于热播的综艺节目，其中有很多民间主播一夜成名。直播的火爆让很多网络运营商按捺不住，他们开始大力开发直播的应用功能。随着技术的革新和直播形式的改变，未来直播的衍变趋势越来越明朗。

1.5.1 垂直化

在前面小节中讲过，我们已经进入“直播+”时代，很多直播平台都从以前的默默无闻做到如今家喻户晓的地步。不只直播形式日趋丰富化，行业规则也在逐渐完善中，所以，直播平台向垂直化发展是必然的。

在“直播+”时代，各个行业都可以做直播产品，然而由于产品受众的有限性，过度垂直化的同时还需要放宽用户范围。例如，有些产品的娱乐板块中有游戏、搞笑表演、歌曲、脱口秀等子板块，将这些产品融合在一起更容易吸引用户。对直播用户来说，娱乐需求来源于很多方面，很多是人们共有的，抓住这一点，直播平台就可以多开发一些垂直产品，提升用户的黏性。

如今，用户对直播功能的需求已从单一转向复合，用户除了看画面、交流、点赞外，还可以通过直播学习、购物，这就使直播产品越来越垂直化。目前，直播产品的类型如图 1-9 所示。

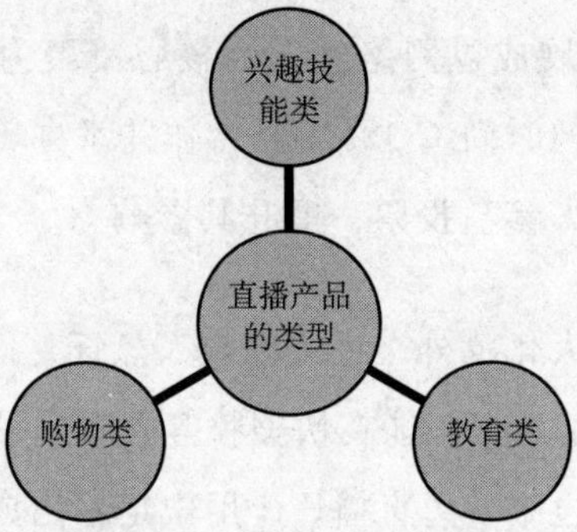

图 1-9 直播产品的类型

1. 兴趣技能类

在选择直播视频时，人们往往会花费更多精力观看与自己兴趣相符、与自己生活密切相关的直播。比如，美妆网络达人米歇尔·潘因为化妆视频走入大众视野，她的化妆视频点击量超过 8 亿次，年收入达 1.2 亿美元。米歇尔·潘的迅速走红，使国内很多美妆达人效仿，各直播平台也会网罗大批美妆类网络达人资源。

网络达人时尚媒体平台快美妆是一款原创美妆视频软件，这款软件由明星御用化妆师团队和时尚美妆模特共同打造，于 2015 年 5 月开始运营，最初以教化妆视频切入市场，并让用户与化妆大师、艺人、模特在线交流，并提供视频分步教学、化妆技巧手法重点讲解的服务，目前其用户规模已超过 2500 万。不仅如此，2017 年 6 月，快美妆宣布完成 6000 万元 B 轮融资。

快美妆创始人陆昊曾对媒体说："除自身擅长的美妆视频领域外，快美妆还将发力签约时尚网络红人。"他还表示，利用视频教化妆相较于图文教程更加直观易懂，是行业大趋势，但是视频的制作门槛较高，持续高质量的 PGC 内容更是稀缺资源。未来，快美妆将打造网络达人经济体系，从工具型应用逐渐发展成以网络红人为核心凝聚力的时尚媒体平台。另外，京东与时尚杂志《时尚 COSMO》合作并举办美妆网络达人活动，通过 100 名美妆网络达人参与投票，提升其影响力。

直播除了可以教人化妆外，还可以教人烹饪、健身、写字等。总之，凡是用户感兴趣的，基本上都能在快美妆等视频网站上找到相关的直播视频。此外，还有些人边旅游边直播，让用户足不出户就看尽世界美景。可见，网络视频直播的出现，满足了很多用户的需求，用户可以随时随地以一种轻松愉快的方式在线学习一些兴趣技能。正是由于很多人有这方面的需求，很多视频网站都发现了这里面的潜在价值，因此，直播在兴趣技能方面的产品越来越多。

2. 教育类

随着网络技术的高速发展，在线教育行业的发展势头也很迅猛。目前，线上有各种各样的培训讲座。比如，100 教育等，大多采用的是语音直播的方式，不过，在网络直播普遍被用户所接受的当下，无疑又为在线教育提供了广阔的发展空间。除了像斗鱼 TV、红点直播、千聊、一起学堂等视频直播平台在布局新媒体、微商等领域的培训，像新东方、全通教育等在线教育平台也开始布局在线直播培训。

比如，美啊教育作为中国首个创意设计与时尚美学在线教育平台，携手国际体验设计协会（IXDC）的百余位国内外 UX（User Experience，用户体验）专业领袖打造“UX 线上直播课堂”。

这是零门槛、零费用的 UX 行业大咖直播课，它为全国设计及互联网产品从业者提供了与行业大咖在线深度交流的机会。在每天一个小时的直播课堂里，国内外 UX 专业领袖在半小时内向用户倾囊传授专业秘籍，在剩下的半小时内陪用户聊行业趋势和加薪技巧。在直播期间，用户除了与业内知名人士互动外，还可以在评论区向大咖们提问。

此外，微信官方也在努力满足用户线上课程和学习类社群的需求而推出直播功能，以增加其内容的沉淀和社群的黏性。总之，各个平台都在抢占在线教育直播这一市场，未来有可能实现视频直播化并建立学习社群。

3. 购物类

购物类直播的趋势日趋明显，像淘宝、聚美优品、唯品会等购物类网站纷纷上线直播功能。其实，购物类网站一直有直播的影子，在其正式进入购物类直播之前经历的直播演变之路如图 1-10 所示。

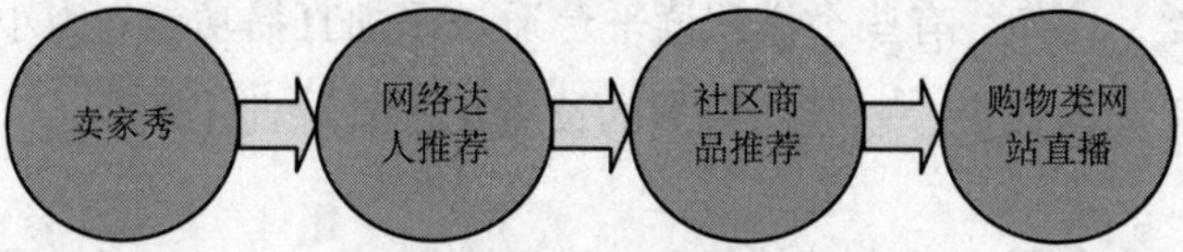

图 1-10 购物类网站的演变之路

购物类网站之所以纷纷推出直播功能，是因为很多通过秀场类和游戏类直播成为网络达人的主播，在有了一定粉丝的积累后，通常都会利用主页、微博、直播中的内容引导粉丝购买自己淘宝店的商品，获得额外收入。但是利用这种方式“诱导”人们购物的购买转化率是很低的。

于是，淘宝、聚美优品、唯品会等购物类平台依托自身的天然购物优势，上线直播功能让用户边看直播边购物。不过，许多以秀场类直播为主的平台没有坐以待毙，未来秀场类直播很可能也会添加购物功能，以增强自身的变现能力。从目前的情形来看，很多购物类网站和直播平台都在努力寻找购物类直播产品，以便获取此类市场，实现消费变现。

除了上述三种直播类型外，网络直播产品当然还有其他新分类，而且垂直领域的直播会越来越多。比如，专注财经内容的疯牛直播。

垂直化直播平台的需求越来越大，正如阿里巴巴集团 CEO 张勇所说："视频直播的火热程度很像 20 年前的门户。"当时的门户网站只是互联网发展早期的产物，提供咨询信息，可是存活下来的几个门户网站平台，比如，搜狐、网易、新浪、腾讯等，如今已经成为互联网行业的元老级产品，依然有着举足轻重的影响力。

现在的直播主要以娱乐化为主，而社交化的微博、消费化的淘宝和功能化的小米，虽然还不是太垂直化，但是，越来越多有实力的平台都加大了对直播的投入，目的是在原有产品的基础上进行平台植入，用品牌影响力聚拢粉丝。比如，有些小说阅读平台通过添加直播功能，为小说作者提供与读者互动的机会，以吸引更多的读者更加青睐此平台。

直播平台利用直播本身的优势，进行实时的一对多、多对多的互动交流，从而实现远距离的互动沟通。未来，"直播+"必将是各网络平台努力的方向。

1.5.2 社交化

社交化是直播的终极目的，也是直播平台的衍变趋势，因为现在很多直播平台仍然以单向传播为主，大多都以弹幕和评论的形式实时互动，但太过实时的互动反而让人们的社交关系沉淀和扩散。

如今，一些常见的新兴视频直播 App 采用什么样的方式进行社交化呢？比如，花椒直播采用传统的秀场模式，映客采用"新型秀场+娱乐媒体"模式，快手采用草根秀场模式，17 则采用全民直播的模式。

现在很多直播平台都以社交的名义出现，这些社交化直播平台开始深度挖掘，寻找自己的特色，有的直播平台重颜值，有的重才艺，有的重兴趣，有的重互动等。例如，360 旗下的花椒直播，该平台之前也在社交化直播和移动秀场之间徘徊，最后它还是选择了移动秀场模式。花椒直播之所以转战移动秀场模式，其最重要的原因如图 1-11 所示。

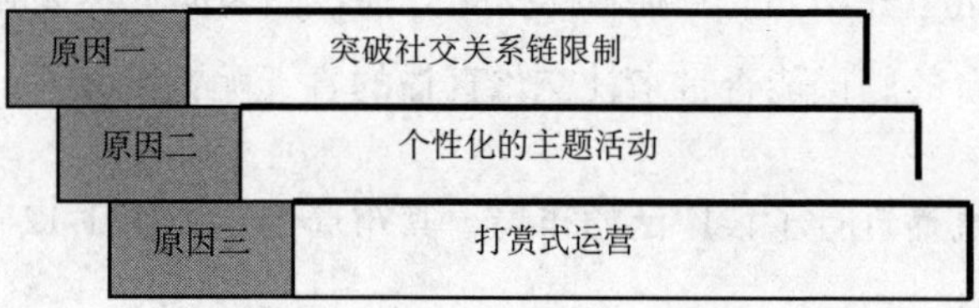

图 1-11　花椒直播转战移动秀场模式的原因

一是突破社交关系链限制。花椒直播启动期不需要特别强的社交关系链，降低了门槛。

二是个性化的主题活动。花椒直播的主题范围比较宽，对参与者限制比较小。而在内容匮乏的情况下，花椒直播要想留住用户，就只能靠主播。

三是打赏式运营。用户在这里不需要购买会员就可以参与进来，如果对主播比较欣赏，可以给主播礼物打赏。

不过，现在这些直播平台已经开始反省，它们慢慢意识到表面的社交根本不是平台发展的长久之际。于是，它们纷纷为实现真正的社交化而努力。在努力的过程中，社交化直播产品冷启动是一个难点，解决这一困难的方法是向社交工具（如 QQ、微信等）和社交媒体（如微博等）要用户，但这些成熟的社交网络不可能纵容直播平台无限制地获得用户资源，它们也在努力采取措施，抑制这种情况的发展。

例如，微博与秒拍母公司一下科技联合推出一直播。上线一个月，其战绩已经可圈可点。比如，一直播独家冠名某当红组合的跨年演唱会，并开展了一系列活动。在这场直播里，最高在线人数超过 410 万，累计总观看量超 5600 万次。一直播上线以来在不断地刷新直播行业的数据记录。如今，一直播已经很成熟了，正式成为微博官方支持的直播产品。微博不断采取行动，这对像美拍、映客这样的直播平台无疑是不小的威胁。而互联网巨头腾讯也开始入局直播，社交化直播产品其实已经展开。作为中国最大社交平台的腾讯能否带来社交化直播的春天呢？

腾讯对直播进行了很广泛的布局，其布局内容如图 1-12 所示。

腾讯除了布局各式各样的直播平台外，还对斗鱼 TV 等游戏类直播平台进行外围投资布局，甚至不惜花资金重复建设。很多人可能不太理解，腾讯为什么对直播如此急迫呢？实际上，从腾讯的架构中可以发现，腾讯涉及的各个业务都通过产品给出它们对直播的理解，当然不同的业务对产品和切入点还是很不同的。总体来说，腾讯做直播大致分为以下两种。

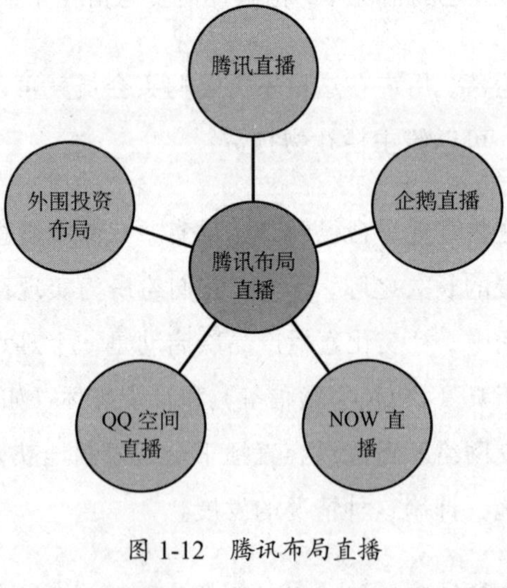

图 1-12 腾讯布局直播

第一种是由腾讯网络媒体事业群基于其视频业务构建的直播产品。

这类直播产品的布局更多体现在媒体理念上，它们均以明星、“大V”、大型体育赛事等为切入点。比如，针对大型体育赛事直播的企鹅直播平台，其竞争对手主要是乐视体育、新浪体育等，这个领域其实也是重金砸IP的经营模式。为了拿下NBA赛事版权，腾讯视频投入了5亿美元。

第二种是将直播看成新形态社交产品而进行的布局。

这类直播产品的布局很不易察觉，但确是一个重点。例如，腾讯以UGC为核心的NOW直播上线，甚至还在手机QQ上开出了入口，与游戏、京东购物、音乐等并列。

下面以NOW直播为例，讲解腾讯是如何一步一步布局网络直播的。

NOW直播与一直播上线的时间差不多，从业务负责团队和资源导入上看，NOW直播是腾讯主要用来对标一直播、映客、花椒直播等直播产品的，是腾讯真正在社交化直播方向落下的棋子。

NOW直播自上线以来，一直保持快速成长的姿态，这与腾讯注入重点资源进行直接关联有关。一方面，手机QQ为NOW直播开放出入口；另一方面，NOW直播可以在朋友圈和QQ中拿到独家接口，从而打通QQ、QQ空间和微信、朋友圈。腾讯让NOW直播在自己的QQ和朋友圈平台中以更良好的体验进行直播。

NOW直播有了QQ和朋友圈的支持，在社交化直播产品道路上会越走越好。例如，QQ的用户非常年轻化，他们把QQ当作娱乐社交、秀自己的地方，而且这类用户更乐于接受直播这类社交形式。可以说，这些都是NOW直播与QQ天然契合的地方。

目前，在腾讯各类社交化直播产品中，NOW 直播比较明显地处在前列，当腾讯从集团层面主推直播时，NOW 直播更有机会成为种子选手，加速直播平台的社交化。

1.5.3 外行看内行，从外卖大战看直播大战

如今的外卖市场依旧如火如荼，《2017—2018 年中国在线餐饮外卖市场研究报告》显示，2017 年外卖市场整体交易额达 2000 亿元，外卖用户约为 3 亿人。在外卖销售额中，白领在整体中占比依然是最高的。美团外卖、百度外卖、饿了么等外卖巨头，纷纷押注白领市场。因此，外卖大战的竞争已经从“白热化”走向“白领化”。为何外卖巨头更加关注白领市场呢？当然源于白领外卖市场是最有商业价值的市场，如图 1-13 所示。

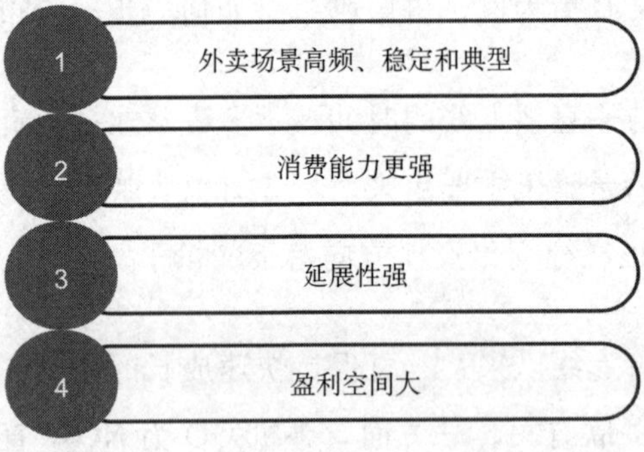

图 1-13　外卖巨头关注白领市场的原因

1. 外卖场景高频、稳定和典型

从用户的角度来看，白领是外卖稳定、典型、最高频的场景。

2. 消费能力更强

白领比其他普通用户的消费能力更强，每用户平均收入（Average

Revenue Per User，ARPU）值更高。例如，主做白领市场的百度外卖，其客单价已经超过 50 元；美团外卖的客单价达到 40 元。

3. 延展性强

白领为“外卖+类业务”带来了更多的延展性。目前，各大外卖平台都不满足于只送吃的，也不满足于一日三餐。例如，百度外卖正在尝试减肥餐、健康餐等业务，要做同城物流平台。

4. 盈利空间大

由于白领最关心的是外卖的品质而非价格，这给外卖市场的盈利留下了很大的盈利空间。那么白领最关注外卖的哪些品质呢？其类型如图 1-14 所示。

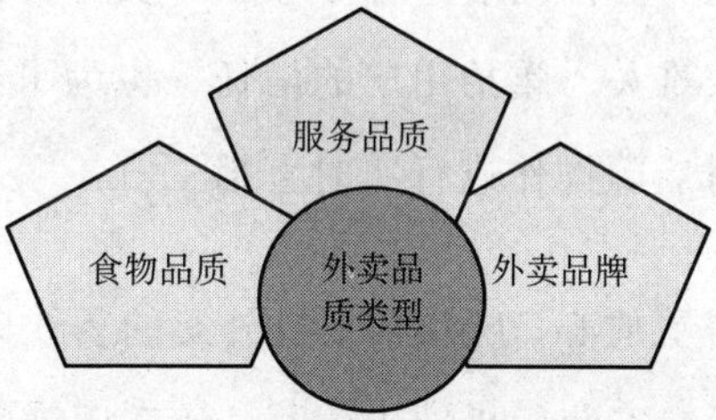

图 1-14 外卖品质类型

1）食物品质

相较于餐品是否便宜，白领们往往更关心食物的品质问题，他们对食品安全问题几乎零容忍。

2）服务品质

白领往往更加注重服务品质，比如外卖送餐的效率，送餐员的服务态度、形象以及外卖平台客服的服务质量。

3）外卖品牌

白领更注重外卖的品牌，而且忠诚度更高。同样，白领也会因为该品牌的不好消息而摒弃该品牌。

对外卖平台来说，外卖食品的质量是致命伤，很多媒体都曝光过外卖平台的缺点。比如，上传虚假实体照片、平台上的商家存在卫生设备不达标、从业人员没有健康证，甚至让无照无证的“黑作坊”入驻等问题。外卖平台食品安全事件被曝光之后，引起了一片哗然，食品卫生事件备受关注。

很多用户得知这些事件之后，都不敢在外卖平台上点外卖了。其中，饿了么为了渡过此次难关、重拾用户的信任，也为了让用户吃得更放心，引进了直播系统，对后厨操作进行实时直播。

为了让用户吃得更放心，广州某主打外卖的餐饮店铺升级了店内的硬件。他们不仅在后厨内安装了摄像头，而且还在店铺的大厅内安装了电视进行全程直播。凡是在营业时间内，顾客都可以在店内电视上看到厨师们在后厨的一举一动。此外，用户也可以通过手机端在平台直播上实时观看，从店铺接到订单到厨师开始做菜、打包，再到配送员配送，这一系列的流程都能被看到。

2017 年 7 月 20 日，百度外卖与江苏广电集团联手打造了后厨直播工程。此目的是打破外卖后厨的“黑匣子”、增强餐饮经营者的食品安全意识。后厨直播通过透明厨房和视频厨房的建设，让用户直观地看到菜品的切配烹饪、冷食类和生食类食品加工、餐饮具消毒等过程。同时，食物的加工烹饪间（区）、专间、专用操作区域、清洗消毒间（区）等也公开展示。这种全部流程公开化、透明化，真正将后厨打造成可视、可感、可知的“阳光厨房”。

在百度外卖的第一期后厨直播工程中，有100多家商户积极参与进来。此外，用户还可以通过高清图像，远程在线全程参与监督，并对餐饮服务企业的卫生和服务评分，这就更增强了餐饮服务企业的食品安全意识。不过，有些人认为后厨直播工程应更进一步，商家还要公布店内食材来源、进货台账以及检测报告，这样便能确保食材来源透明化，这是商家吸引用户的一个重要举措。如果外卖平台做到了这一步，将会大大增强用户的信任度，最终的结果会是外卖平台、卖家和用户“三赢”。

目前，很多外卖平台都意识到了后厨直播模式的好处，巨头们也纷纷加入其中。从外卖行业加入直播模式来看，直播趋于垂直化的趋势越来越明显，而且这种社交模式也更让用户接受。可见，直播在各行各业的价值是不可估量的，运营方应想方设法运营网络直播平台，应最大限度地发挥其商业价值。

2

直播的定位与模式划分

直播的概念在几年前就有了，但并没有现在这么火，最主要的原因是直播的受众群体定位，当时的直播多以网上夜总会、网络秀场等“粗暴”方式出现，这无疑限制了受众群体。如今，直播平台都在进行品牌升级，从传统的秀场模式转到泛娱乐直播模式。

2.1 泛娱乐直播

2015 年，李克强总理在《政府工作报告》中首次提出“互联网+”行动计划。此后，“互联网+”便在我国受到大众的强烈关注，成为市场的风口、舆论的焦点。在文化新业态、经济新形态下，“互联网+”中“+”的是什么呢？“+”的是创新驱动发展方式，“+”的是实体经济新的创新力和新的生产力，“+”的是现代商业模式创新，“+”的是生产流程再造和价值链重组。

如今，在“互联网+”国家战略实施以及文娱产业不断升级的情况下，互娱直播作为连接内容与用户的平台也跟着升级了，直播进入了泛娱乐直播时期。同时，互联网平台将向更广泛的娱乐行业渗透，未来泛娱乐直播的形态如图 2-1 所示。

图 2-1 泛娱乐直播的形态

随着泛娱乐直播的不断提升，娱乐的互动性得到了进一步加深，互娱直播行业成为资本在互娱板块的布局热点。2017 年，猎豹旗下的 Live.me 直播获得 6000 万美元融资；虎牙直播获得 7500 万美元 A 轮融资；花椒直播获得天鸽互动 1 亿元 B 轮融资，估值约为 50 亿元；熊猫直播获得 10 亿元 B 轮融资；斗鱼 TV 获得 D 轮 10 亿元融资……

所谓的泛娱乐直播，大意是指直播的场景更加多元，衣食住行乐等均可成为直播的素材。现在花椒直播、映客以及数百款同类产品都被归为泛娱乐直播平台，而且泛娱乐直播的蛋糕越做越大。本章将对泛娱乐直播具体介绍。

2.1.1 什么是泛娱乐

泛娱乐这一概念最早于 2011 年由腾讯公司副总裁程武提出，核心是 IP，是指基于移动互联网的大背景，通过技术手段，实现多领域的跨界连接。而 IP 则是实现这一过程的核心元素，一本书、一部电影、一首歌、一段视频都可以成为一个 IP，而通过这个 IP，打通众多领域之间的壁垒，实现连接一切则是泛娱乐的终极目标。

腾讯自从提出泛娱乐概念之后，经过几年的实践和培养，初步打造了“同一个明星 IP、多种文化创意产品体验”的创新业态。在这几年的时间中，腾讯互娱在腾讯游戏基础上，相继推出腾讯动漫、腾讯文学、腾讯影业共四大实体业务平台。发展到现在，腾讯已基本构建了一个打通游戏、文学、动漫、影视、喜剧等多个种类的文创业务的互动娱乐新生态。

如今，泛娱乐在应用方面，已经成为被用户认可的创意素材。于是，各行各业都在向泛娱乐靠近，它们利用极为丰富的 IP 外延，比如，一个故事、一个角色等，但凡拥有大量粉丝的事物，都可以被它们打造成超级 IP。总之，在泛娱乐大时代，IP 已成为核心竞争力，其类型如图 2-2 所示。

目前，国内泛娱乐化进程依旧持续升温，文学、动漫、音乐、影视、游戏等娱乐形式围绕着共同的主题 IP 构建出泛娱乐的产业生态圈。各类 IP 通过多方联动，相互衍生，变现方式变得更加多样化。未来泛娱乐将逐渐向移动端转移，移动端的用户群体数量更大，更容易实现数据的互联互通。

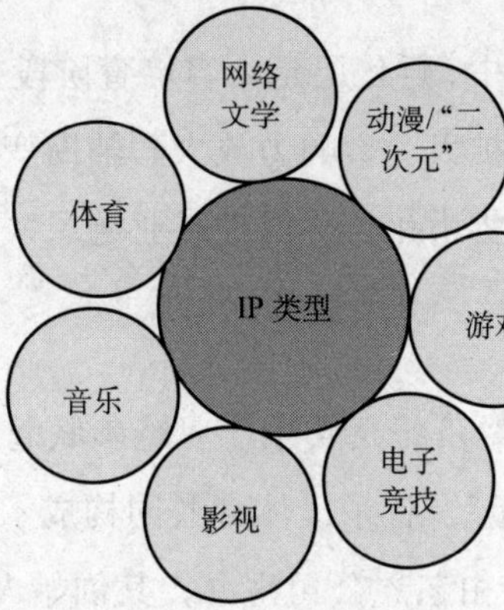

图 2-2 IP 类型

IP 价值的发掘和重塑是泛娱乐产业的核心思路，特别是被称为 IP 元年的 2015 年，各类 IP 的开发如雨后春笋一般出现在大众视野中。其中一大批由网络文学、动漫、游戏、音乐改编而来的电视剧、电影、网络剧受到市场关注，收视率、票房、播放成绩屡创新高；也有电影、电视剧、游戏等改编成游戏、舞台剧、衍生品等，都收获了很大的市场。

国内的泛娱乐产业在以 BAT（指百度、阿里巴巴、腾讯三家互联网巨头）为首的互联网巨头引领下，其生态链已经初步构建完成。泛娱乐产业链层次如图 2-3 所示。

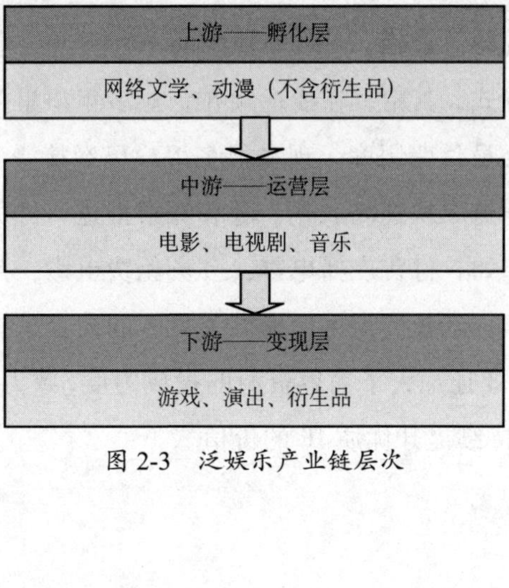

图 2-3 泛娱乐产业链层次

在泛娱乐产业链层次中，孵化层是内容培育阶段，即网络文学和动漫；运营层为运营加深、市场扩大、影响力放大、辅助变现阶段，即电影、电视剧和音乐；变现层实现货币化，并促进产业链层次整体的有机循环，即游戏、演出和衍生品。

2015 年，IP 和粉丝经济将泛娱乐产业链串联起来，游戏、直播、网文、影视、综艺、“二次元”、音乐、体育共同构成了泛娱乐一体化生态。2017 中国泛娱乐创新峰会由艺恩公司举办，其创始人兼总裁郜寿智表示：“2017 泛娱乐产业规模总体超过 5800 亿元。”现在泛娱乐发展的现状与优势主要表现在以下几个方面：①直播泛娱乐化不再局限于演艺和游戏。②游戏重度化、竞技化，手游将持续高速增长。③电子竞技专业化与市场化并进，与娱乐进一步融合。④智能硬件和社交将促进“互联网+体育”蓬勃发展。⑤音乐版图逐渐清晰，从内容端到客户端的音乐生态链逐渐形成。

在 IP 为王、粉丝经济盛行的时代下，泛娱乐的蓝图还会展现出众多的可能性，文学、动漫、音乐等在移动端渗透率将持续上升，“二次元”衍生价值会越来越突显。

另外，随着视频、直播、VR 等技术的不断提升，它们将成为泛娱乐内容的重要输出方式。其中，在线视频在企业多年积累探索下，各视频企业开始大力推广会员付费制度，现在很多用户已经接受了这种付费模式，在线视频付费用户进入快速增长期。随着探索推进，付费内容向着更多样化的方向发展。比如，付费点播电影、会员免费电影、会员提前观看电视剧、付费电视剧等，这些都为用户提供了更多的内容选择。为了适应用户的需求，各视频企业还加大了内容资源的投放力度，致力于采购内容版权，加大 IP 的投资，持续提升优质 IP 的价值。

直播在泛娱乐发展中发挥着不可替代的作用，那些包含秀场、游戏的泛娱乐直播不仅具备巨大市场空间，而且还拥有最高的用户黏性，未来的泛娱乐直播平台将整合秀场、游戏、户外、音乐、科技、财经等全品类，打造出真正的泛娱乐，实现“全民娱乐”。

VR 技术给用户带来了沉浸式体验，随着 VR 硬件技术以及用户体验的成熟普及，VR 必将给内容产业带来颠覆性的技术革新。在不久的将来，随着 VR 内容产业的高速增长，那些具有优质内容制作能力和前沿技术储备的企业将有望成为行业内的佼佼者。

2.1.2 泛娱乐的细分领域

娱乐在 IP 和粉丝经济的助力下，形成泛娱乐生态一体化。下面从中国这两年泛娱乐行业年度数据分析，了解泛娱乐细分领域的发展形式，如图 2-4 所示。

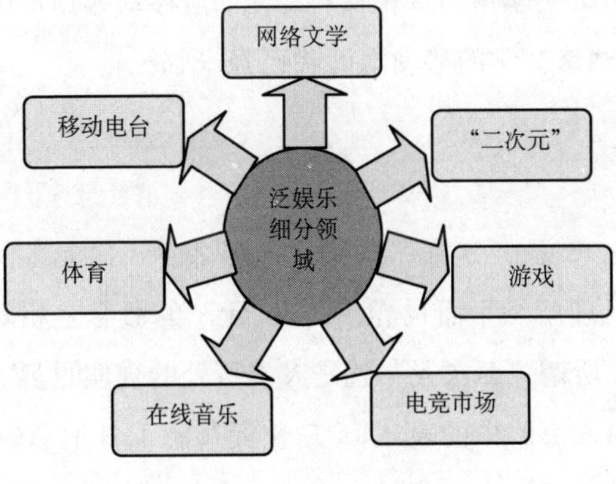

图 2-4 泛娱乐细分领域

1. 网络文学

2015 年，网络文学 IP 改编的热潮一直持续，到了 2017 年，其热度依旧不散。

从 2017 年年初由沧溟水的小说《大唐后妃传之珍珠传奇》改编的电视剧《大唐荣耀》，到年中由猫腻的小说《择天记》改编的同名电视剧《择天记》，再到年末橘花散里的小说《将军在上我在下》改编的电视剧《将军在上》等，从这些作品的收视率来看，网络文学 IP 改编剧表现不俗，网络点播也名列前茅。

2017 年，网络文学除了改编电视剧外，改编的电影票房也相当可观，都收获了高票房。据统计，2017 年市场取得 559 亿元票房。这主要得益于泛娱乐产业的爆发式扩张，电影产业规模增速已经达到 15%，其在总规模中占比还会进一步上涨。

2017 年，网络文学用户规模保持稳定，但移动端用户的规模持续超过 PC 端。可见，网络文学的移动端时代已经来临。

2.“二次元”

从物理学上来说，“次元”即维度，那么“二次元”既可以理解为二维世界，也可以理解为平面世界。“二次元”的概念是相对于“三次元”的概念来说的，所谓“三次元”就是人类所处的现实世界。根据《中国泛娱乐产业发展白皮书》中的表述，“二次元”源于日本 ACGN［ACGN 为 Animation（动画）、Comic（漫画）、Game（游戏）、Novel（小说）的缩写］文化，日本早期的漫画、动画和游戏均通过二维图像展现在观众面前，这些作品展现的世界通常被称为“二次元世界”。然而，经过时间和实践的演变，“二次元”的内涵和外延处在不断变化之中。现在所说的“二次元”

包含小说、漫画、动画、影视、游戏、音乐、虚拟偶像、同人创作、周边产品等。

“二次元”在我国也很流行，目前我国的“泛二次元”群体超过 2 亿人，其中核心“二次元”群体大概为 600 万人。“二次元”的显著特征为虚拟世界和情感共鸣。因此其受众更多分布于“90 后”和“00 后”的年轻族群，这类人群偏向消费“宅腐萌”作品，而且消费黏性强劲，“二次元”的人均年消费高达 1700 元。

随着泛娱乐产业与“二次元”市场的结合，“二次元”在 2014—2015 年迎来了小爆发，2017 年更是风生水起，得到了资本的热捧，相关网站和衍生领域纷纷被注资。其典型例子如下。

(1)“二次元”漫画平台。奥飞动漫 9 亿元收购“二次元”动漫平台有妖气。

(2)“二次元”电影。《十万个冷笑话》取得 1.2 亿元票房。

(3)“二次元”音乐。北京光线传媒股份有限公司 3000 万美元投资弹幕音乐新媒体平台 Echo 回声。另外，“二次元”“神曲”《普通 DISCO》因被李宇春在湖南卫视跨年演唱会上改编翻唱再次引发热潮。

(4)“二次元”游戏。万代南梦宫的 PlayStation VR 互动游戏《夏日课堂》，该作最引人注目的地方是可以与游戏中楚楚动人的少女进行互动。

(5)“二次元”视频平台。自从网络视频领域走入版权规范化时代后，“二次元”视频领域竞争愈加激烈，比如，AcFun 弹幕视频网和哔哩哔哩视频平台在“二次元”领域迎来了新生。

“二次元”的市场增长潜力巨大，就微博来说，截至 2017 年 12 月，微博“泛二次元”的用户达到 1.89 亿人，而“核心二次元”用户也达到 2370 万人。未来，泛娱乐产业与“二次元”的交互联系将继续延伸，“二次元”与“三次元”之间的跨壁垒合作会越来越多，“泛二次元”产业将迎来快速增长时期。

3. 游戏

在泛娱乐的细分领域中，游戏产业规模最大。2017 年是“IP+游戏”的爆发期，诸多 IP 产品长期霸榜，主要以经典文学 IP 以及各个手游 IP 改编的产品为主，其中《择天记》自推出后，受到广大粉丝的喜爱，并纷纷“入坑”。可见，经典 IP 的价值不可小觑。

2017 年 12 月 9 日，游戏产业年会在海口市召开。此次大会发布了 2017 年度十大最受欢迎 IP 游戏排行榜，其中，《青云志》《阴阳师》《征途 2》《盗墓笔记》《新天龙八部》均是由文学作品改编的。

根据《2017 中国游戏产业报告》发布的数据显示：“2017 年中国游戏市场实际销售收入达到 2036.1 亿元，同比增长 23.0%。而 2017 年自主研发网络游戏市场实际销售收入达到 1386.1 亿元，占整体市场销售收入的 68%。”这些年来游戏产值提升幅度较大，游戏的商业变现能力持续迅猛。

在直播越来越被人们接受之后，游戏类直播平台的用户规模迎来高速增长。2017 年，游戏类直播一直持续走热，未来两年游戏类直播用户将会实现大幅度增长。预计到 2018 年年底用户规模将达到 1.9 亿人。此外，游戏类直播平台衍生的直播内容如图 2-5 所示。

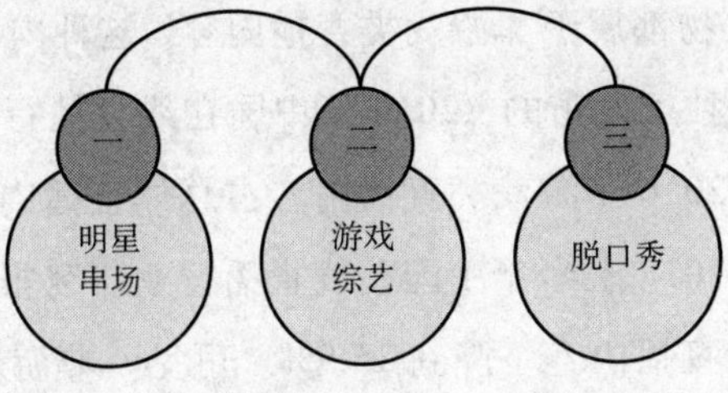

图 2-5 游戏类直播平台衍生的直播内容

1）明星串场

明星串场中最典型的例子是《明星召唤师直播》，由著名歌手与十名幸运召唤师同台竞技，并一起直播 LOL。直播期间，LOL 将开启直播点赞超级福利活动，玩家在观看直播期间为歌手点赞，第 500 万、第 1000 万、第 2000 万、第 3000 万、第 4000 万、第 5000 万、第 6000 万个玩家，将分别获得王者套装、魄罗雨伞、QQtoy、三周年手办、EZ 手办、炼狱蛭蛇鼠标、小龙手办等周边好礼。

2）游戏综艺

《百晓生》是一款涵盖怪物、人物、地图、奇物、装备、铭文技能 6 大内容的游戏，而其衍生的综艺节目《游戏百晓生》则是一个真人挑战游戏内容的节目。

3）脱口秀

在游戏类直播平台衍生的脱口秀节目中，最典型的例子是《听姐说》。游戏类网络脱口秀节目《听姐说》是以真人实拍剧场模式结合当下最新鲜的游戏新闻资讯、游戏圈内八卦段子以及恶搞游戏网络事件、广告等形式制作的首款电竞娱乐真人剧场秀节目。

以上三种衍生物都属于非游戏类直播内容，这种内容的增长趋势很明显，根据艾媒咨询独家发布的《2016年中国在线直播行业专题研究：暖春遭遇寒流》显示，2016年游戏类直播内容占总体直播内容的20.7%。而在艾媒咨询发布的《2017上半年中国在线直播行业研究报告》中显示，2017年上半年，游戏类直播内容下降到15.9%。可见，非游戏类直播内容的增长速度还是比较快的。

4. 电竞市场

电竞是专门为观众呈现高质量竞技、游戏赛事的活动。在游戏行业，比赛直播和游戏锦标赛早已存在，因此，电竞既不是一种新技术，也不是一种新潮流，而是当今娱乐文化产业中的一次重大变革。随着网络直播的发展，电竞观众群体提升到了前所未有的庞大规模，电竞受到了无数年轻人的瞩目和欢迎。

目前，全球最大的电竞直播网站——Twitch，用户平均每月观看直播时间为421.6分钟，比YouTube用户高44%。在所有的电竞直播中，像LOL这样很受欢迎的几款游戏瓜分了绝大部分的观众群体。

电竞泛娱乐化趋势越来越明显，娱乐明星跨界联动频频。而游戏类直播平台为保证用户增长，纷纷打造户外直播等泛娱乐直播内容，扩展内容类型。电竞市场的潜力是巨大的，截至2017年5月，电竞市场规模达到462亿元，而未来衍生市场将达千亿元规模。在2017年下半年，移动电竞游戏、赛事依然是电竞行业的新热点。

2017年年度畅销移动电竞游戏包括《阴阳师》《王者荣耀》《神武2》等。未来，电竞行业的增长空间会更大。可见，移动电竞将成为泛娱乐行业的新增长点。

5. 在线音乐

移动化为在线音乐带来更丰富的场景，提升用户的使用频次；而在线音乐平台从渠道逐步转向内容提供，发展原创音乐和在线演艺平台。在线音乐的未来发展方向如图 2-6 所示。

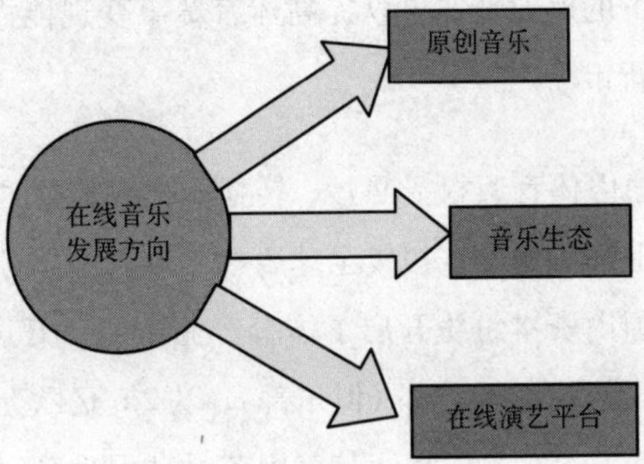

图 2-6 在线音乐的未来发展方向

（1）原创音乐：平台自主发行音乐，成为音乐发行商。

（2）音乐生态：音乐产业布局逐步完善，打造一体的闭环生态。

（3）在线演艺平台：通过线上造星模式，打造在线 Live 演唱会与主播艺人的粉丝圈。

6. 体育

随着互联网的发展，人们对体育赛事及资讯的关注度不断提升。特别是在移动端，人们除了关注赛事相关内容，还可以通过手机自身传感器及智能硬件进行健身活动跟踪，以及随时随地预定健身场地、课程等，从而开拓了“互联网+体育”的新领域。

据统计，2017 年 PC 端互联网体育用户规模持续上升。根据艾瑞咨询官方发布的数据，2017 年 PC 端互联网体育用户规模超过 3.5 亿人。根据中商产业研究院发布的《2017—2022 年中国互联网移动运动健身行业的现状与前景分析报告》显示，2017 年上半年，使用移动运动健身 App 的用户规模达到 6644 人次，并持稳定增长态势。借助互联网，围绕体育赛事打造覆盖线上线下的产业链，可以提高体育赛事变现能力，还能在移动健身应用方面开拓新市场。

此外，随着国内体育版权受热炒，转播国内顶级联赛和世界级体育联赛的版权费逐年上涨。当然，相较全球版权水准，中国顶级联赛价值仍有巨大增长空间。国内资本纷纷开启了体育产业布局：万达集团以 4500 万欧元入股马德里竞技足球俱乐部（俱乐部），以 2.6 亿欧元控股瑞士盈方体育传媒集团（传媒），以 5 亿欧元与美因茨足球俱乐部（俱乐部）进行战略合作，以 6.5 亿欧元控股世界铁人公司（产业）；华人文化集团以 4 亿美元入股城市足球（集团），以 80 亿元人民币购买中国足球超级联赛转播权（版权）；阿里巴巴以约 3 亿美元赞助世界杯（赛事）。

7. 移动电台

随着移动音频市场的不断壮大，移动电台呈现迅速发展之势。截至 2017 年 6 月，中国移动电台市场活跃用户规模增长到 6557 万人，较 2015 年 6 月的 4991 万人的用户活跃度明显提高。移动电台应用的伴随性特征以满足用户的碎片化收听音频内容需求为核心，赢得众多音频爱好者。

2017 年，移动电台竞争加剧，为了向用户提供丰富、多样化的内容，移动电台纷纷打造内容平台，其内容来源如图 2-7 所示。

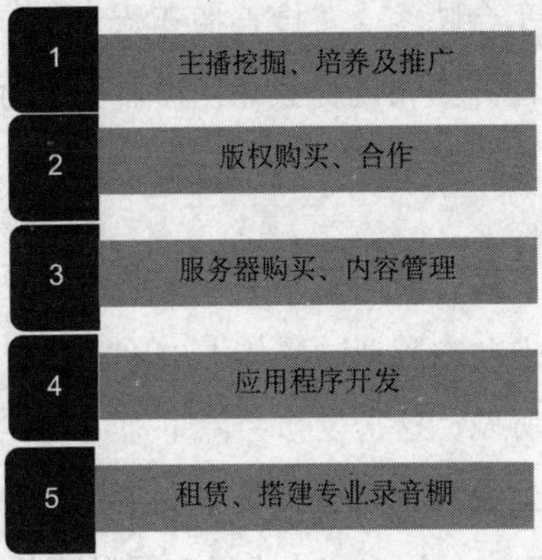

图 2-7　移动电台内容来源

其中，主播培养和版权合作成为移动电台发展的新方向。

2.1.3　泛娱乐直播的发展现状

游戏类直播产业在 Twitch 的带动下，在国内出现了一股热潮，比如，2013 年 YY 游戏直播上线，2014 年以电竞直播为主体的战旗 TV、斗鱼 TV 等纷纷成立。到了 2017 年，直播行业在泛娱乐行业激烈竞争，2018 年竞争更为激烈。泛娱乐直播涉及的直播领域有很多，包括全民移动直播和垂直领域直播的体育、电商、综艺等。泛娱乐的垂直直播对直播的要求更高，其要求如图 2-8 所示。

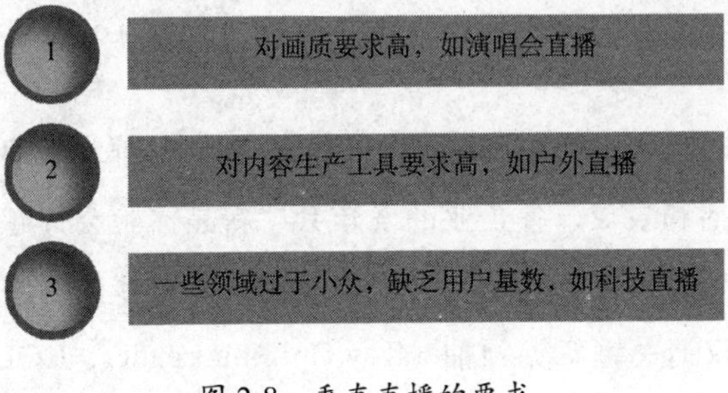

图 2-8　垂直直播的要求

如今，移动直播平台映客、花椒直播开始火爆，YY LIVE、斗鱼 TV、虎牙直播等直播平台均开始布局泛娱乐。再加上移动互联网发展成熟、获得便捷，逐渐形成了全民直播之势。

比如，某著名歌手利用美拍播放了其在唯品会签约发布会上的直播视频。在发布会现场，主办方邀请的媒体人中除了传统媒体的记者，还邀请了数十位热门主播。所以，这次发布会除了通过传统媒体的宣传，主播们也在各自的直播平台上做在线直播，吸引众多粉丝的关注。同时，主播们还借助巨星 IP 的影响力，让更多人关注自己的直播间。此外，唯品会通过本次发布会积攒了更多的线上人气。

湖南卫视综艺节目《我是歌手》曾与映客达成了全新的战略合作关系。在《歌手（第一季)》决赛之夜，映客又开展了三轮直播，着实让观众过了一把瘾。这样的强强联手，让观众除在湖南卫视自家的芒果直播参与直播外，也能在映客上看到总决赛。除此之外，映客还开展了《我是歌手——冠军之夜》《猜歌王赢映票》等系列主题活动。

在《我是歌手》和《歌手（第一季)》总决赛期间，映客用户可以通过歌手各自的直播间看到他们的备战情况，还可以通过互动决定歌手的出场顺序。另外，用户还能进入歌手的直播间，与自己的偶像实时互动。不仅如此，湖南卫视尝试走在行业前列，还让《超级女声》《夏日甜心》等节目与直播平台合作，成为目前跨各直播平台的最大赢家。

在泛娱乐时代下，娱乐圈明星和公司巨头们也都在玩直播，泛娱乐直播被各企业传播和投放，各企业的发布会、新品体验会等越来越多地跟各直播平台结合，尤其在新品发布会上，他们会请更多的网络达人参与同步直播，这比仅仅请关键意见领袖（Key Opinion Leader，KOL，基本上是指那些在微博上有话语权的人）效果要好很多。

泛娱乐直播除了发展迅速外，直播平台收入也非常丰厚。例如，2015年上线的全民直播平台映客，在2017年的第一季度，收入高达10.4亿元，净利润为2.4亿元。演唱会直播的变现非常迅猛。如今，演唱会直播已经成为音乐领域的一种新玩法。

网络视频直播具有主播和观众实时交流、场景化等优势，因此备受全民的关注。目前，国内网络直播平台类型以泛娱乐为主，旨在打造主播IP的粉丝经济。下面以美拍为例，介绍泛娱乐直播的粉丝构成特点，如图2-9所示。

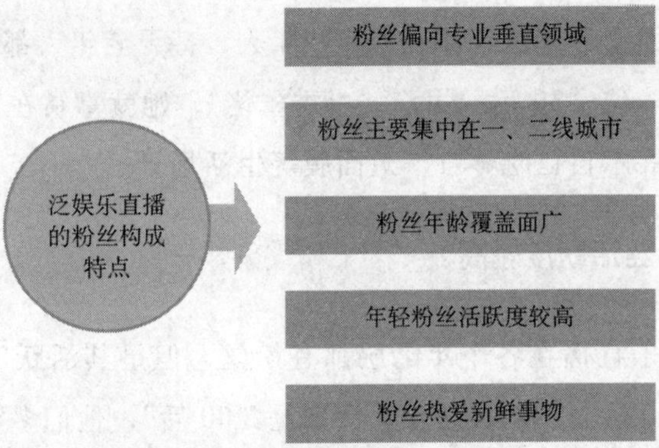

图2-9 泛娱乐直播的粉丝构成特点

1. 粉丝偏向专业垂直领域

早期的秀场类直播已经越来越不能满足人们的需求了，人们更倾向于观看娱乐直播，那么它的内容有哪些特点呢？娱乐直播内容更多偏向专业垂直领域，从papi酱到同道大叔，从健身到美食、扎头发、手工艺、情感分析、星座、养生等PGC内容来看，这些直播都有专业团队制作。因此，它们吸引了在舞蹈、音乐、美妆、电影等各种各样的垂直领域粉丝。

2. 粉丝主要集中在一、二线城市

像美拍这样的泛娱乐直播平台的用户一般具有较高的消费能力。因此，该平台的受众大多集中在一、二线城市，这些用户有更高的审美以及消费能力，因此受到了像美宝莲、欧莱雅等著名品牌的关注。目前，不少大品牌都入驻了美拍直播，并请来了各自的明星代言人为其站台。

3. 粉丝年龄覆盖面广

随着移动互联网的发展，智能手机的各种应用逐渐被更多年龄段的人所接受，全民娱乐的趋势越来越明显，像美拍这样的泛娱乐直播平台的用户年龄层覆盖面十分广泛，年轻人、中年人，甚至老年人都会使用美拍。比如，美拍有一位“30后”用户“书香翠佬”，她就常常在直播中和粉丝聊天，向粉丝展示自己吃零食、敷面膜等生活场景。

4. 年轻粉丝活跃度较高

虽然泛娱乐直播在各个年龄层都有粉丝，但是其活跃度较高的还是“90后”和“00后”的年轻粉丝，特别是“00后”，他们多数为追星族，个性化是他们的典型特征，虽然目前消费能力略弱，但是热衷于各种明星的活动，收集明星周边。

5. 粉丝热爱新鲜事物

泛娱乐直播的粉丝兴趣十分广泛，具有丰富的创造力，所以不会局限于观看一种类型的直播。随着《偶滴歌神呐》这种小众综艺的走红，很多原本不被观众接受的表演方式，逐渐被众人理解和接受，这些表演方式成为新型的搞笑综艺玩法。例如，美拍上有一档围绕“00后”开展的“00后假唱大赛”的直播，这种玩法吸引了很多“00后”的加入，为了赢得比

赛，很多表演者表现出了很强的搞笑天赋，让节目变得十分有趣，也颇具看头。因此，这类直播节目吸引了更多人的关注。

可见，现在的互联网节目完全不受任何形式的限制，人们玩得都很开，也很嗨，未来必将还有更多探索的可能。

2.1.4 斗鱼 TV 直播模式分析

某男星曾为了宣传自己首部自导自演的新电影，空降斗鱼 TV 直播间。为了达到直播的宣传效果，该男星的直播场地选在气温高达 40 多摄氏度的印度拍摄片场。在直播期间，该男星先介绍了这部电影的一些细节，又介绍了他剧组中的好多明星好朋友，还展示了自己在片场的伙食。不仅如此，他还与许多斗鱼 TV 人气主播连麦，回答了一些让人哭笑不得的问题。

这次斗鱼 TV 直播是该男星的直播首秀，开播 30 分钟，人气就突破 500 万次，挤爆了斗鱼 TV 直播间。另外，该男星在直播中的各种神回复和看到弹幕的表情，让斗鱼 TV 的用户嗨翻了天，很多粉丝狂热围观送礼物。当时直播间内的斗鱼 TV 定制礼物，比如“666”“CUT 板”“印度飞饼”“咖喱鱼丸”等被刷得飞起来，价格较高的“火箭”“飞机”也是满天飞。可见，这位男星通过直播，不仅为电影的大卖拉开了一个序曲，而且还靠直播稳赚了一笔钱。

斗鱼 TV 的前身是 AcFun 生放送直播，之后被斗鱼 TV 创始人、CEO 张文明买下，并在 2014 年 1 月 1 日正式立项为斗鱼 TV。斗鱼 TV 是一家弹幕式直播分享网站，以游戏直播为主，涵盖体育、综艺、娱乐、户外等多种直播内容。

斗鱼 TV 具备强悍的实力，据斗鱼 TV 方面提供的数据，斗鱼 TV 的

DAU（Daily Active Users，日活跃用户）近 3000 万人，MAU（Monthly Active Users，月活跃用户）近 2 亿人，并在细分领域占据 70%的市场份额。

2017 年 11 月，斗鱼 TV 宣布早在 2017 年上半年就完成 D 轮融资，这代表着其成为国内第一家迈入 D 轮融资的网络直播平台。D 轮融资由招银国际领投，南山资本通过元禾母基金跟投。斗鱼 TV 与投资方都没有对外透露融资的具体内容。但在此之前，斗鱼 TV 的市场估值已经超过了 100 亿元人民币。

根据公开的资料，我们可以得知此前斗鱼 TV 完成了累计超过 22 亿元人民币的融资，不管是估值还是融资，在游戏类直播行业，都遥遥领先于其他平台。斗鱼 TV 宣布完成 D 轮融资，意味着其成为游戏类直播行业第一家开始盈利的平台。

斗鱼 TV 是现在直播行业中的“独角兽”企业，这只“独角兽”是互联网行业中创富的典型代表之一。从 2014 年 1 月 1 日成立起，在短短几年时间内，就将公司估值做到了 100 亿元人民币。斗鱼 TV 是如何一步步打造成现在这种令人瞩目的直播平台的呢？其平台的直播模式策略如图 2-10 所示。

1. 以精品化内容为导向

斗鱼 TV 的价值主要体现在平台庞大的用户量上。根据艾媒咨询数据显示，2017 年上半年，斗鱼 TV 在内容丰富度上获得了 8.8 的高分，稳居行业第一名，而支撑这个数字的则是斗鱼 TV 精品化的内容。从斗鱼 TV 创立之初，平台就以精品化内容为导向，布局泛娱乐发展，业务涉及游戏、御宅、星秀、科技、户外、体育、音乐、影视等众多领域，满足了数亿用户的内容需求。之后，斗鱼 TV 便以非常快的速度成功崛起，无疑是泛娱乐化多样性发展战略的成功表现。在整个直播行业中，斗鱼 TV 是最早实施泛娱乐化发展的直播平台。

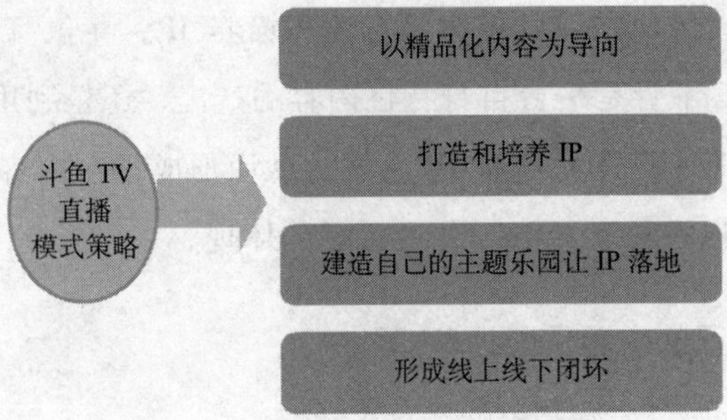

图 2-10　斗鱼 TV 直播模式策略

另外，斗鱼 TV 还在内容方面做出了很多创新。例如，它将直播与电视节目相结合，制作了一系列不同主题的综艺节目，比如情景互动真人秀类综艺《花漾大爬梯》、旅行类综艺《鱼乐星之旅》、面向草根的音乐类综艺《鱼塘星音乐》、横跨海峡两岸的《味解之谜》、明星狼人杀访谈综艺节目《饭局的诱惑》等。这些节目都是业内独家首创的，给用户增添了很多新鲜感。斗鱼 TV 这样的创新思维，值得现在很多网络直播平台学习。

斗鱼 TV 坚持以精品化内容为导向，最终实现良性循环。直播平台需要用户，用户需要优质内容，优质内容需要能创造精品内容的主播。各式各样的优秀主播，都可以获得展示自我的机会，从而使得整个平台上用户资源的流动性更加合理、平均。

斗鱼 TV 就是在这种从平台到主播再到用户的良性循环模式下，让整个平台得到了可持续发展。

2. 打造和培养 IP

现在 IP 被越来越多的行业使用，直播行业自然也不例外。要想让直播平台获得最大的收益，就要为其打造和培养 IP。斗鱼 TV 非常看重 IP 的打造和培养，不管是平台自身特色内容的产出，还是利用平台资源培养主播，这一切都从打造和培养 IP 出发，从而形成平台内容 IP、主播个人 IP 等，同时这也是粉丝经济一种最直观的体现。

3. 建造自己的主题乐园让 IP 落地

从 2017 年 5 月开始，在直播界最大、延续很长时间的新闻就是"斗鱼嘉年华"，"斗鱼嘉年华"是斗鱼 TV 斥巨资建造的直播界首个主播与粉丝一同狂欢的主题乐园，在 2017 年 5 月 28 日至 30 日举行活动期间，斗鱼 TV 上大司马、单车、微笑、820、桃 15、陈一发、冯提莫、钱小佳等数百名 S 级主播空降嘉年华现场与粉丝互动。还有网易、腾讯、竞技时代等国内外知名游戏厂商入驻"斗鱼嘉年华"，随着这些厂商入驻，斗鱼 TV 将实现自身的品牌露出，同时也向广大斗鱼 TV 用户传递了自身的产品价值。

"斗鱼嘉年华"是斗鱼 TV 利用自己已经成熟的内容和品牌，建立的一个属于自己的主题乐园，是直播界首个主题乐园。斗鱼 TV 通过"斗鱼嘉年华"将平台上的优质 IP 带到线下，让 IP 落地。

4. 形成线上线下闭环

"斗鱼嘉年华"主题乐园是平台线上的粉丝在线下的聚集场所，同时线下的主题乐园也能为线上导流，成功地将整个平台从线上到线下打通，形成线上线下的闭环模式。

总之，斗鱼 TV 通过主题乐园，完成了“线上优质 IP 的打造，线下 IP 的落地粉丝聚集”。在不久的将来，斗鱼 TV 在庞大用户量的基础上，通过 IP 运营，将实现商业变现这一经典模式，而平台上庞大的用户量将为斗鱼 TV 带来不可估量的商业价值。

2.1.5 YY LIVE 直播模式分析

YY 直播是国内网络视频直播行业的奠基者。2016 年 6 月，YY 直播正式改名为 YY LIVE。到 2018 年，YY LIVE 已经成为一个包含音乐、科技、户外、体育、游戏等内容在内的国内最大全民娱乐直播平台，注册用户超过 10 亿人，月活跃用户上升到 3 亿人。

2017 年 1 月，YY LIVE CEO 陈洲分享了一个数据：“直播行业在 2016 年的总营业收入大约是 150 亿元的规模，而 YY LIVE 一家就占据了半壁江山，达到 80 亿元。强大的数字后面，依靠的是 YY LIVE 当前的市场状态：秀场进化，娱乐爆发。”YY LIVE 在从秀场模式转向泛娱乐直播的过程中，采取的措施如图 2-11 所示。

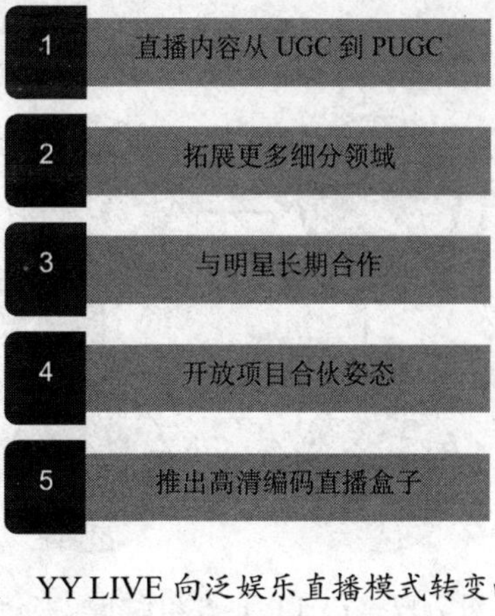

图 2-11 YY LIVE 向泛娱乐直播模式转变的措施

1. 直播内容从 UGC 到 PUGC

之前，YY LIVE 一直比较注重释放 UGC 的创造力，他们把更多的精力放在唱歌、表演、说书、游戏、聊天等表演形式上面，这类节目通常会有固定的参与者和粉丝。随着直播行业的不断发展，YY LIVE 不断改变运营模式。比如，YY LIVE 从之前的 UGC 模式，逐渐演变成 PUGC 模式，并在直播的行业背景下将 UGC 解读为“专业扶持的自由演出”。目前，YY 音乐包括语音、视频等多种方式，主要为具有表演才艺（包括演唱、脱口秀等）的社会个人和组织提供即时表演创作和分享的平台。

从 UGC 到 PUGC 转型过程中产生了一系列的直播节目。比如，1931 女子偶像组合、《大牌玩唱会》《怪咖来撩》《世界百大 DJ 秀》《九宫举》等。现在的 YY LIVE 更是进行了品牌升级，YY LIVE 定位是全民娱乐直播平台，且 PUGC 是其目前最重要的内容产生模式。

YY LIVE 之所以将内容转向 PUGC，其原因主要有三个：一是直播 UGC 中的普通网络达人生命周期短。二是 PGC 是直播全行业尚未解决的难题。三是 PUGC 能够在内容产量、内容品质、生产成本等维度达到一定平衡。

YY LIVE 把内容生态分成四个部分，如图 2-12 所示。

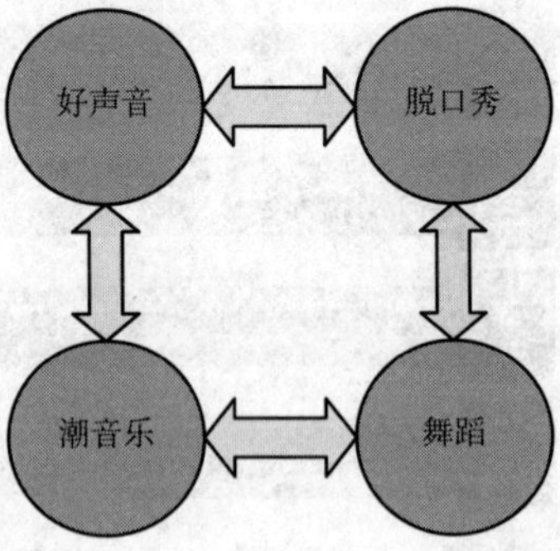

图 2-12　YY LIVE 内容生态四部分

YY LIVE 内容生态四部分虽然与之前的秀场模式很类似，但从“主播”的类型来看，现在的 YY LIVE 有了很大的变化，由原来单纯的美女主播转变成了任何人，在 PUGC 的模式下，现在的“主播”可以是会各种乐器的老爷爷，也可以是热爱音乐的卖大米大叔，还可以是一对爱唱歌的模范夫妻。可见，现在的“主播”更加平民化。

关于主播的培养，YY LIVE 则把更多的资源放到了个性化和差异性的内容上。此外，YY LIVE 还和芒果娱乐达成了“直播艺人培育新模式”的合作，该模式的培养流程：网络达人孵化→直播 PUGC→综艺直播。

2. 拓展更多细分领域

在泛娱乐直播盛行之下，YY LIVE 开始向更多细分领域发展，现在涉及的范围有游戏直播、体育直播、网络直播。现在 YY LIVE 在影视、体育领域方面合作的公司如图 2-13 所示。

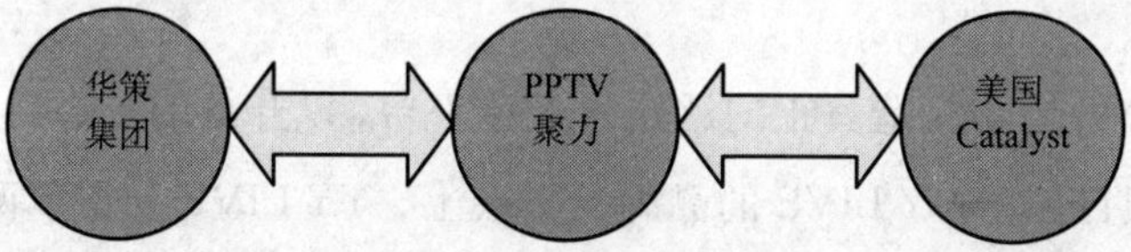

图 2-13 YY LIVE 合作公司

1）与华策集团进行内容营销合作

YY LIVE 与华策集团进行内容营销合作的方式主要有艺人海选、片场探班、主创互动、剧情揭秘、提前预热、品牌植入等。

2）与 PPTV 聚力达成平台战略合作

YY LIVE 与 PPTV 聚力达成了平台战略合作，其涉及的资源主要包括影视、综艺节目、体育版权、动漫等多个维度。

3）与美国 Catalyst 公司合作播出体育活动

YY LIVE 与美国 Catalyst 公司合作，播出国际顶级足球赛事 2016 年国际冠军杯的全部比赛以及赛事周边、足球教育、球星互动等活动。

3．与明星长期合作

明星是一个最容易吸粉的群体，现在很多直播平台都希望利用明星资源给自己的平台增长用户。平台与明星的合作应是长期的。

比如，在 YY LIVE 的品牌发布会上，YY LIVE 就让某主持人主持。此外，该主持人还与 YY LIVE 直播合作小型固定节目。只有把明星“绑”在直播平台上，才能有效提升 YY LIVE 平台的粉丝数量和粉丝黏性。

4．开放项目合伙姿态

YY LIVE 为了打造真正的泛娱乐直播平台，以开放的姿态对外开放了许多合伙项目。在 YY LIVE 的品牌发布会上，YY LIVE 公布了两个项目：一是直播公众号，二是频道合伙人。比如，关于直播公众号部分，品牌商、媒体、机构组织都可以开通，可以进行产品发布、新闻报道、社会公益、信息分享等方面的直播。

5．推出高清编码直播盒

为了快速便捷地生产直播内容，YY LIVE 推出一款全高清编码直播盒，并命名为“YY LIVE 直播机”，该盒子的主要参数如图 2-14 所示。

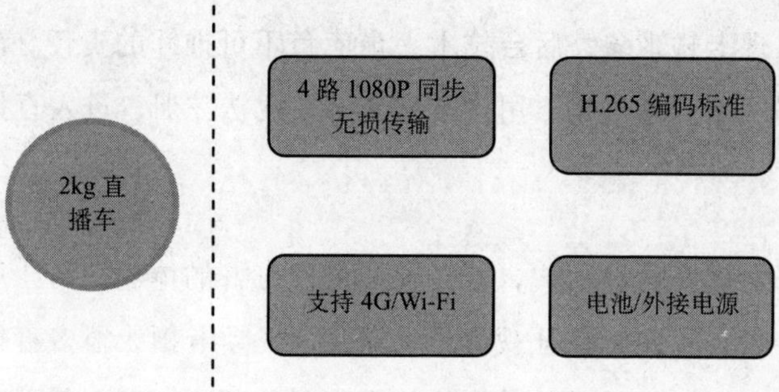

图 2-14 YY LIVE 直播机参数

注释："2kg 直播车"是 YY LIVE 直播机，重 2kg，可替代一辆 3t 重的直播车大部分功能。"4 路"意为直播机可支持四大电信运营商，即中国电信、中国移动、中国联通和中国广电。

2.1.6 龙珠直播借腾讯云，提升用户体验

无论做哪种类型的直播平台，直播产品都要简单、有趣，能够吸引玩家。为了拉长直播产品的生命周期，直播平台应做到两点：首先要让用户有新鲜感，这就需要平台定期更新产品内容；其次要为用户提供非常好的体验与服务。当然，要做到以上两点离不开技术的支持。因此，好的直播平台一定会配有专门的技术人员，让他们努力提高直播平台的技术含量，从而最大限度地提高用户的体验效果。

很多直播平台的游戏直播间都选择了"美女+游戏"模式，既养眼，又过瘾。某直播平台引入了一大批韩国人气主播入驻，他们各个身材完美、脸蛋精致，又多才多艺，所以很快就吸引了众多游戏玩家的关注。不过，当用户正看得尽兴时，屏幕突然间卡了，这让很多游戏玩家非常郁闷，对该平台的印象急速下降。

直播出现卡顿现象，后台技术人员应负不可推卸的责任。常见的技术问题有直播网站频繁出错、用户无法登录、无法注册、进入直播间间歇性报错等。

直播平台想要留住用户，首先要让用户有好的体验。而让用户有好体验的第一步是利用技术保证视频的流畅度。视频卡顿让很多直播平台饱受折磨，完美流畅、五星级观看体验的需求亟待解决。那么采用什么样的技术能提升直播平台的用户体验呢？不妨学习国内知名游戏、电竞赛事直播平台龙珠直播的方法，与腾讯云合作，利用云视频服务提升直播平台用户体验。

龙珠直播 CTO 谭振林在做客《腾讯云会客厅》节目时，与腾讯云副总裁曾佳欣面对面对话，分享了视频直播平台提高用户体验的技术策略，如图 2-15 所示。

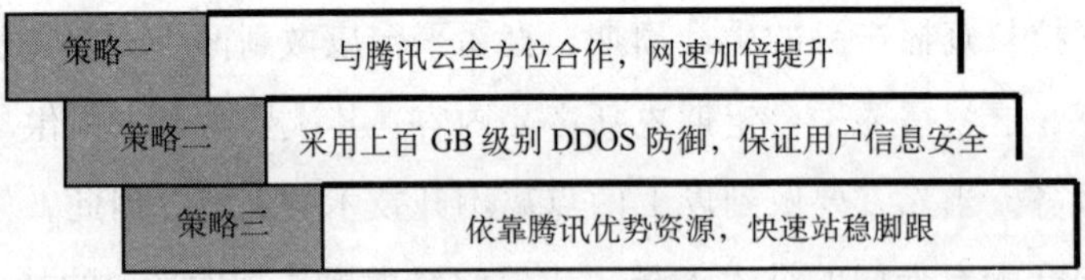

图 2-15　龙珠直播技术策略

1. 与腾讯云全方位合作，网速加倍提升

谭振林在节目中表示，云计算是电竞行业这几年快速发展的大功臣之一。龙珠直播的迅猛发展离不开腾讯云的支持，双方的合作是全方位的，其合作方面如图 2-16 所示。

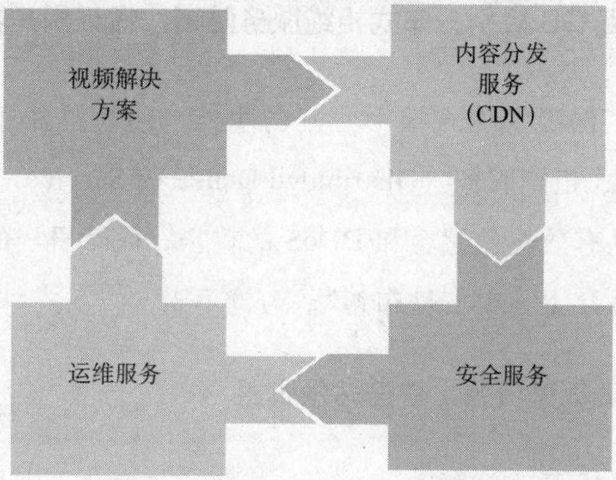

图 2-16　龙珠直播与腾讯云合作方面

在以上四个方面的合作中，尤其是腾讯云提供的视频服务，为龙珠直播提供了包括直播、点播在内的一整套互联网+视频解决方案。视频直播对互联网技术提出了很高的要求，而腾讯云所拥有的卓越的音频信号处理算法，很好地满足了直播的要求。在与龙珠直播合作的过程中，腾讯云开放了超过 400 个流媒体加速节点，提供了超过 5TB 的出口带宽，以及超过 10000 台的计算集群网络，并可以根据需求不断扩容，有效保证了龙珠直播的终端玩家可以观看流畅的在线直播视频。

在 LOL 龙珠直播狂欢夜上，龙珠直播平台同时在线人数突破 313 万，面对如此庞大的用户访问量涌入，在大流量高并发情况下，龙珠直播的系统后台却依旧保持平稳运行，没有出现宕机、卡顿等棘手问题，这都有赖于云服务技术的支持。

此外，腾讯云还为龙珠直播解决了视频点播业务中繁重的转码、分发等底层基础业务，这为龙珠直播节省了大量的服务器成本投入和人员投入，使龙珠直播能够有更多的时间和精力发展业务。

2. 采用上百 GB 级别分布式拒绝服务防御，保证用户信息安全

腾讯云除了保障龙珠直播平台流畅性外，还为龙珠直播提供了上百 GB 级别的分布式拒绝服务（Distributed Denial of Service，DDoS）防御，让直播平台可以有效避免黑客和 DDoS 的攻击，保障用户的信息安全，相当于为龙珠直播穿上一个“铁布衫”，刀枪不入。

3. 依靠腾讯优势资源，快速站稳脚跟

在龙珠直播刚起步时，直播方面的相关人才匮乏。在关键时刻，腾讯不仅给了龙珠直播技术方面的助力，而且还为其介绍了很多相应的论坛、活动。另外，在龙珠直播发展遇到相关技术难题时，腾讯更是帮助龙珠直播与相关领域的专家或企业牵线搭桥，助其很快渡过难关。

如今，龙珠直播已经成为直播行业的佼佼者，从它与腾讯云的合作来看，现在那些研发技术跟不上节奏的直播平台可以学习龙珠直播这种多方依靠互联网巨头企业的技术资源，为用户提供最优质的体验。

2.2 传统业务直播

2016 年是移动直播的元年，而 2018 年在这个基础上更进一步，移动直播无疑是当前互联网产业的火爆风口，它的出现不仅颠覆了传统的社交方式，还对传统的营销方式和商业模式带来了极大的冲击。举个简单的例子，在移动直播出现之前，人们都是通过诸如文字、图片等扁平不会改变的信息素材感受产品特性，而直播出现以后，人们可以在直播视频里获得更加真实立体的信息和体验。

直播平台可以依靠多样的直播形式和更好的直播技术，带给用户更多

高质量信息，从而形成一种全新的商业形式与思路。花椒直播总裁吴云松在业界首先建立起“融”平台战略，他说：“花椒直播联手众企业发布开放平台，是因为直播领域与生俱来的自媒体属性本身带有巨大的商业价值，所谓‘融’平台是指花椒直播打破媒体与媒体间的界限，打造一个‘融合性’平台，不仅仅局限于个人用户，企业用户同样可以通过直播平台催生出更多优质的内容与营销新玩法。”

直播平台为企业带来了很多新玩法，许多传统业务都被颠覆。如今，直播的火更是烧到了旅游行业，旅游网站纷纷试水直播。例如，携程旗下的携程酒店与直播平台斗鱼 TV 合作，开启了“直播+旅游”模式。

2017 年 3 月底，携程与斗鱼 TV 达成战略合作，建立在双方优势的基础上，共同推出国内首档全新酒店体验直播节目——《睡遍全世界》。

《睡遍全世界》节目在每一期直播中，都会邀请斗鱼 TV 的高人气主播以及专业的旅游达人，通过拍摄酒店、酒店游戏互动等方式，用户可以全方位了解国内外各大热门旅游目的地的特色酒店，将酒店最真实的一面呈现给用户。

同年 6 月，这档旅游直播节目推出特别版——走进上海。在探索了多个目的地后，特别版节目在上海火热直播。这次直播以“两个剧组争夺电影出品人的投资”为主题，邀请了 13 位网络达人人气主播展开本次精彩旅行。其中，上海凌空 SOHO、上海虹桥美利亚酒店等著名地标都成了节目拍摄地，这不仅让直播用户更深入探索上海，还对高星酒店有全方位的了解。

这次三天两夜的直播节目，累计吸引了数百万个用户在线观看。在这期间，同时在线收看直播的人数峰值突破 100 万，再次创下直播佳绩。不仅如此，携程推出的吉祥物“游游”，第一次在直播里以礼物的形式出现。

携程相关负责人对此介绍道："这次节目的特别版的主要取景地为上海凌空 SOHO 和上海虹桥美利亚酒店等地，还会借助'健身房 KTV''答非所问'等热门游戏，让直播用户更全面地了解携程，以及掌握高星酒店的服务流程及设施，并且深入探索上海。"

携程超级巴士作为特别节目的指定用车，充分展现了专业、高效、高品质的服务质量，在节目中为各位主播保驾护航，获得了直播用户的称赞。

携程相关负责人表示："随着携程与包括美利亚酒店集团等在内的知名酒店集团深入合作，更多特色酒店资源由此引入携程酒店平台。我们希望通过《睡遍全世界》节目，把特色酒店产品以在线直播的形式展示给消费者，让他们足不出户即可体验不同地区的酒店。"

此前，斗鱼 TV 还与去哪儿网有过合作。此次与携程的跨界合作，说明斗鱼 TV 可以在旅游领域新发力，这必将给用户带来更多新内容和新玩法，也在"直播+旅游"新模式下发展得更好。

除了以上合作外，斗鱼 TV 仍在努力探索更多的新内容和新玩法，它们希望能推出更多新的跨界合作模式，为平台和企业开拓新的利益空间。可以说，斗鱼 TV 正在玩"直播+商业"模式，此模式的潜力是巨大的，必将为企业带来更宽阔的展示空间与更高的收益，使企业与斗鱼 TV 共同创造新的运作模式。

对于直播未来的发展形势，奇虎 360 科技有限公司董事长周鸿祎说："直播将来可能会变成一个标配。比如，新东方的 App 里也可以有直播功能，老师把手机拿过来一放，直接开始讲课。未来也会出现很多垂直的直播平台，而且将来直播肯定会与很多垂直应用相结合。比如一个美食 App，可以每天直播做饭，再比如旅游网站，可以天天直播游玩。"未来，无论是旅游、在线教育、影视综艺，还是游戏、电商等行业，任何一种形式的媒体与行业和直播都将产生全新的化学反应，形成新的商业模式，带来新的商业价值。

2.2.1 网络直播将颠覆传统电视行业

通过上文的介绍，我们知道传统的经营模式已经逐渐被颠覆，传统业务的商业价值也被再造。直播的发展势头如此迅猛，可想而知未来传统的电视行业必然会受到一定冲击。甚至可以夸张地说，是某种程度上的“颠覆”。

欧洲杯比赛每四年举办一次，中央电视台再次垄断了 2016 年欧洲杯的直播版权，球迷们想要看欧洲杯球赛只能通过中央电视台。不过，在欧洲杯开赛前几天，英格兰队前队长欧文通过映客直播，直播了英格兰队与哈萨克斯坦队的比赛，并与中国网友进行了一场互动。

球迷们对欧洲杯比赛的关注由来已久，以往球迷们看球赛只能通过电视转播，中央电视台通过电视转播让球迷们观看比赛。而现在，随着直播行业的火势越来越旺，直播看欧洲杯成了新的观看比赛方式。同时，欧洲杯直播也引发了人们对于直播行业的深思。对足球赛来说，其版权与经济是挂钩的，以往通过电视转播的这种单一盈利模式，现在或许会因为直播行业的火爆而改写。比如，像映客这样的手机直播平台，让球迷可以随时随地看足球赛直播。可见，直播为人们提供了更加便利地观看球赛的方式。

奉佑生认为，直播很快就会与视频网站融合，形成一种全新的格局，而一些电视节目在未来也有可能通过手机直播的方式与观众见面。

直播行业未来会有哪些发展趋势呢？周鸿祎说：“直播会快速颠覆现在的很多行业，首先将是电视行业。电视行业被颠覆一共有四步，现在已经走到三步半了，马上就要全部被颠覆。”直播颠覆电视行业的四步如图2-17所示。

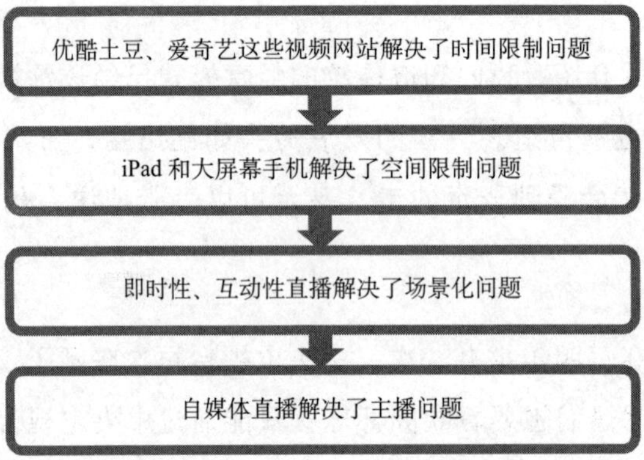

图 2-17　直播颠覆电视行业的步骤

第一步是优酷土豆、爱奇艺这些视频网站解决了时间限制问题。

人们通过优酷土豆、爱奇艺这些视频网站，不需要再按照电视台的预定时间观看节目。

第二步是 iPad 和大屏幕手机解决了空间限制问题。

过去人们只能坐在客厅里看，而现在人们无论是在床上，还是在车上、飞机上等任何地方都可以随时看。

第三步是即时性、互动性直播解决了场景化问题。

直播具有即时性、互动性等优势，它创造出的节目与电视这种单向播出完全不同。直播节目是一种内容形式上的颠覆，如果再把它拿到电视上回放就失去了原有的意义，因为它没有了现场感。

第四步是自媒体直播解决了主播问题。

在直播平台上，主播的类型已经不再局限于美女和帅哥了，只要有“料”，谁都可以成为主播。主播可以在平台上建立自己的社群，他们会成为新一代的网络达人，成为真正的直播自媒体，这也会加速瓦解传统电视行业。

如今，直播时代已经来临，传统电视行业很快就会被颠覆，它必将成为颠覆时代的“独角兽”。不过，现在人们对直播的探索才处于起步阶段，直播平台未来的价值空间是无限大的。

2.2.2 直播之火蔓延到在线教育

此前，看到一则老师直播“孵化鸟宝宝”，让学生见证生命奇妙演变的消息。

上虞城东小学的保安夏敖夫曾在学校教学楼四楼的走廊上发现有鸟在筑巢。

一个星期后，学校校长林建锋在朋友圈看到一个老师发布的一张鸟巢图片和文字，随后他便到现场查看，这时，巢内已经有了三枚鸽子蛋大小的鸟蛋。这是什么鸟？为什么会在学校筑巢繁育？鸟妈妈是怎样孵化小鸟的……一系列问题萦绕在林校长的心头。

不过，教科学的林校长马上意识到，“我觉得这是一个很难得的教育题材，如果能让孩子们实时关注鸟儿的孵化和成长、记录和了解正确与动物相处的过程，这该是多么好的自然课堂。”随后，林校长便召集学校领导开会，发出了护鸟行动的倡议。他还决定围绕鸟蛋、鸟巢和鸟妈妈，人与鸟如何交流等话题进行探讨，教会孩子们理解生命的奇妙演化。

当天下午，林校长便安排人在鸟巢附近走廊设置了栅栏，将鸟儿的家隔离起来，为鸟宝宝的繁育让路。4 月 4 日，鸟窝里的鸟蛋增加到六枚，而且，鸟蛋的排列方向也发生了改变。

一对鸟夫妻，一个鸟窝，六枚鸟蛋……这个鸟家庭，成了校园里的明星。

4 月 5 日下午，城东小学教师傅蒋购买了监控设施，将鸟宝宝的孵化过程向全校学生进行现场直播，“让孩子们一天天感受生命诞生的喜悦和美妙。”通过这个设备，孩子们可以在手机上实时看到鸟巢的动态。

4 月 5 日傍晚 5 时 21 分 57 秒，监控显示，随着几声清脆的鸣叫，一只大鸟掠过走廊落在栏杆上，欢叫几声跃进鸟巢，大鸟通体呈黑色，嘴和眼周呈黄色，鸟妈妈入巢后便一动不动，开始安静地孵化小鸟。4 月 6 日清晨 5 时 46 分，大鸟飞出鸟巢。

小鸟孵出来了，消息一出，人们纷纷传阅直播视频和截图，林校长在第一时间将视频发给了相关的鸟类专家，经三名专家鉴定，一致确认这种鸟叫乌鸫，是瑞典国鸟，在我国也很常见。林校长还说：“4 月 10 日至 16 日是一年一度的爱鸟周，我们刚好有幸能结合此次护鸟活动，给学生营造一个生动的实景课堂，让孩子们在浓厚的兴趣中亲近自然、了解科学、保护生态，这是最好的活教材，相信学生们通过这次活动定会有所收获。”

老师直播“孵化鸟宝宝”这一话题，很快便在教育界传开了。直播作为一种新型的教育方式，为学生提供场景化教学新体验，现在直播的火苗已经蔓延到了在线教育领域。像新东方在线、学而思、YY 教育、中公在线、华图教育、萌课等 30 多家在线教育企业，已经开始在互动直播领域展开激烈角逐。

例如，学而思网校推出“1 元直播课”，从录播转型“直播+辅导”模式；研途宝推出考研专业课在线课程免费学；清北帮教育首推清华北大状元免费在线直播 K12 课程……

在直播的火爆之势下，在线教育企业除了纷纷转型以外，也收到了其他巨头公司的青睐。家教 O2O 平台疯狂老师获得了资本的支持。

疯狂老师与腾讯将在 K12 直播方面展开战略合作。此外，疯狂老师还公开宣布，将联手腾讯合作推出直播业务，并在全国打造 100 个年营收 1000 万元及以上的网络达人名师。此次与疯狂老师合作，是腾讯在给其投资 2000 万美元后的又一次公开合作。除了腾讯有所行动外，阿里巴巴也行动了，淘宝教育联手农村淘宝推动直播课堂进驻村庄。

除了传统直播平台纷纷发力直播教育外，斗鱼 TV 也开始试水教育直播。比如，在 2017 年全国考研大纲正式公布之际，斗鱼 TV 请来了新东方在线名师张雪峰、石宇等十多位一线名师，就考研学子们的考试焦点，亲临斗鱼 TV 现场，在第一时间给斗鱼 TV 的考研用户解析 2017 年考研大纲。此次直播课程时间长达 10 个小时，为众多斗鱼 TV 考研用户送来一次给力的助攻，最高时吸引了近 40 万人同时在线观看。斗鱼 TV 根据这一市场打造的“鱼教鱼乐”板块已经上线，此板块给用户提供一种全新的教育形式。从斗鱼 TV 推出教育板块开始，全国各大知名高校、教育机构的老师和学生陆续入驻斗鱼 TV“鱼教鱼乐”板块，课程内容如图 2-18 所示。

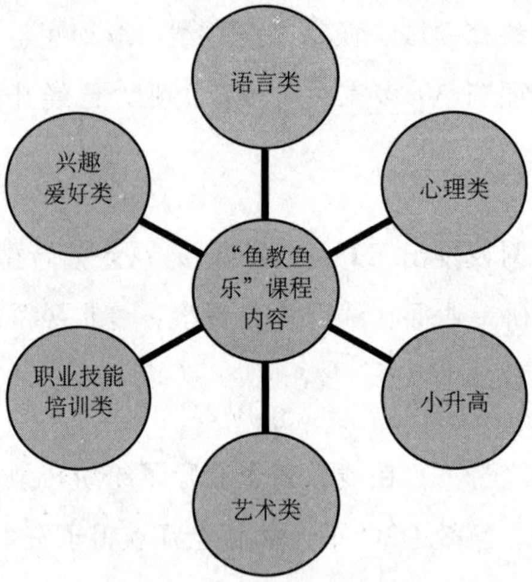

图 2-18 “鱼教鱼乐”课程内容

除了以上课程外，“鱼教鱼乐”板块涵盖的内容范围会越来越广泛。

在线直播成了教师们授课的新手段。四川农业大学的一名高等数学老师为了让学生们在即将到来的高等数学考试中取得好成绩，在斗鱼 TV 上开通了在线答疑讲题的直播，这种直播教育模式引起了很多学生的强烈关注。在直播期间，很多学生都很喜欢这位高等数学老师的直播教学方法，纷纷点赞和刷礼物。

上述这名高数老师可以说是开创了在线教学的直播先河，展示了“直播+教育”的全新玩法。这种教育模式相比以往更倾向于秀身段、唱歌、跳舞等美女经济玩法的直播，让教学摆脱了课堂的束缚，同时也降低了线下培训高昂的成本，拉近了学生与老师间的距离，真正做到了实时、有效的交流互动。

为了分得“直播+教育”的一杯羹，现在各个平台纷纷上架直播课程，不管是巨头布阵转型，还是与其他机构平台积极“抱团取暖”，在线直播教学模式可谓扶摇直上，俨然成为在线教育领域内的一片新蓝海，颇受各方宠幸。

此外，“直播+教育”这种新的教育模式，还受到我国教育部门的关注。目前，在我国教育产业中，不管是学校的师资力量还是教育机构的服务大多数都集中在比较发达的一、二线城市，而三、四线城市的教育资源相对缺乏，教育质量相对薄弱。如今，通过“直播+教育”模式可以将一、二线城市的优质教育资源传送到全国各地，让那些教育理念相对落后、教学资源相对缺乏地区的学生，同样能够享受到优质的教育资源和先进的教育理念，从而改善我国教育不公平的现状，促进我国教育的发展趋向公平化。

2.3 垂直领域直播

第 1 章已经介绍了直播正在向垂直领域方向发展，那么垂直领域直播的用户群是什么样的呢？这类直播中一些比较好的平台采用什么样的模式发展呢？下面将对这些疑问一一解答。

2.3.1 用户群体小，人群纯度高

在映客刚刚推出市场时，映客 App 推广的广告词独具特色——“你丑你先睡，我美我直播”，正是这句广告词让人们记住了这个手机直播平台。当时，很多人的朋友圈都出现了映客 App 的广告，呈现了朋友圈刷屏的现象。况且映客作为率先抢占手机直播市场的平台，打破了人们只能通过电脑观看直播的局面，开启了直播的另一种方式——手机直播。

手机直播平台的出现，让主播可以随时随地拿出手机做直播内容，并

让全平台的用户都能观看。很多手机直播平台都可以与微博、微信等社交账号关联，这样主播就可以很轻松地把直播内容分享到朋友圈、微博等社交平台，还可以通过微信邀请好友一起观看直播，做到了真正意义上的全民直播。

映客是当下很火爆的手机视频直播平台，很多明星、素人都在玩儿。该平台的发展现状如图 2-19 所示。

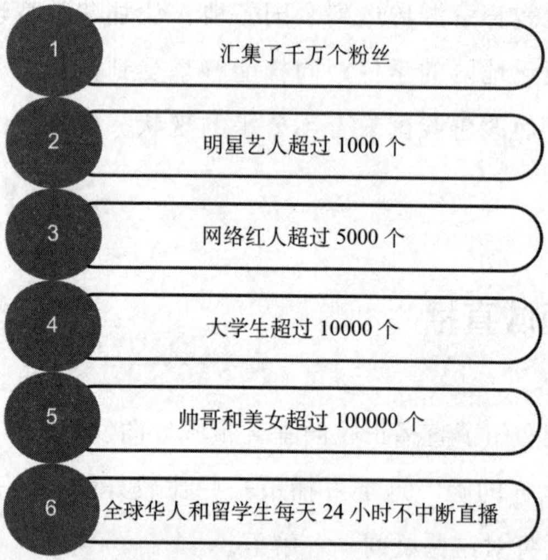

图 2-19　映客发展现状

映客平台发展到现在，映客的下载量早在 2016 年就已经破亿次，日活量也上升到千万次。映客发展势头之所以如此迅猛，与映客把用户定位在“80 后”“90 后”这个年轻群体是分不开的。

映客专门为“80 后”“90 后”这些充满个性和张力的年轻人所设计。映客之所以这样定位用户群体，其创始人奉佑生说：“如今，年轻人都十分渴望得到别人的关注，而映客这样便利的方式，可以让他们成为自己梦想中的主播，向别人展示自己的生活，结交更多的朋友。相对于传统的直播平台，映客的门槛将更低，只要有一台手机，所有人都可以成为主播。”

从映客的用户群体定位来看，它虽然只定位于“80后”“90后”这样基数很小的群体，并没有覆盖到全民，但这类群体的纯度非常高，几乎每个“80后”“90后”都拥有智能手机，并且因为他们爱分享、爱接触新鲜事物，这些特性让他们成为最好的传播者。

依靠精准的用户定位，映客很快成为国内最热门的手机直播平台。也正是因为映客App的出现，国内掀起了手机直播平台的热潮，很多网络巨头们也想站在手机直播的“风口”，它们纷纷推出手机直播平台，有很多人拿出大量资金投资已经有些成绩的手机直播平台，手机直播平台必将成为未来直播行业的主流市场之一。

如今，直播正向垂直领域发展，而垂直领域只做细分产业，是纵向分布的，在于精。这时，有些人抓住了这种机遇，将直播定位于某垂直领域。垂直领域的用户群最明显的特征是用户群体小。不过，一旦平台做好，这类人群就成为平台的“死党”。因此，做垂直领域的直播平台，最重要的是要让定位人群的纯度高。

有人重新定义了新时代的消费群，并提出了一个新词——精众市场，这个市场是依靠用户的消费行为建立的，消费行为存在着等级和血统的基因，消费不仅仅是满足自身需求，更是对不同阶层的演练，这种演练久而久之就实现了大众分化，大众分化则完成了精众的重聚。有人专门对这类人群做了统计，数据显示，精众人群占据中国城市总体人群的10%，以“70后”“80后”为主体，而且80%的精众人群已经成家，超过一半处于公司的管理层，家庭平均月收入是3万元左右，这些数据意味着精众人群是这个市场当中最能够主导潮流和时尚的一类人。

精众人群对未来有规划，不管是对职业，还是对生活，都有时间管理，有非常明确的需求，精众人群的核心是积极的正能量价值观的坚持者。同时，精众人群对大众有示范作用，而且精众人群属于时尚的引领者，他们中的大多数人希望自己成为引导潮流的人。另外，精众人群为了吸引大众的注意力，不断体验、不断尝新，让大众不断跟随他们的脚步。

在这里之所以用大篇幅讲精众，是想让运营方在打造或运营直播平台，特别是垂直领域的直播平台时，要以精众人群为主导，让这些人引领平台的发展。中国未来的消费市场，将由不同的消费层次带来新的分层结构。所以，直播运营者应该先找到真正有价值的用户群体，让精众引领大众，并不断进行营销创新和内容创新。现在的直播市场在不断被切割，差异化、个性化、精细化、精致化将成为未来市场的新主题，这正是打造直播平台的本质所在。

2.3.2 99 乐投直播模式分析

现在很多人都觉得银行利息太低，于是，越来越多的人开始注重理财投资了。但是，很多人都不懂理财投资。有些人为了学习一些投资方法，不得不求助于书籍，在网上书城会看到大量的图书，比如投资高手、操盘技巧、趋势技术等。诸如此类的图书可以说是数不胜数，但是外行人想要学会这类技术性技能并非一日之功。

在直播行业火爆之时，有人想到了利用直播解决人们投资理财无法可循的痛点。根据这一趋势，99 乐投 1.1 版本正式上线，这是一款财经直播平台，用户可以通过该软件实时查看最新、最全的财经投资直播。这个平台进驻了上百支分析师团队，囊括了目前市场上大部分的投资方法，既专业又全面。

99 乐投的前身是 99 财经，其运营总监 Jack 在 1.1 版本上线时说：“从开始的 99 财经，到现在的 99 乐投，99 乐投的诞生一直围绕着解决散户炒股中的需求，平台一直具备这样的能力，但是不够明显，从开始的单纯听课学习，到现在适合自己炒股方式的直播间，很多散户在 99 乐投中学习了更多的知识和认识了很多志同道合的朋友，不过也忽略了我们 99 乐投抓牛股的强大办法。1.1 版本已经做了一个独立的模块体现出来，并且大幅度改进与优化各个流程。99 乐投集合线上操盘高手，将其经验免费传授给线下散户，是满足散户们炒股需求、更好解决散户炒股困难的一项进步。上线以来，用户的反馈比较符合预期，很多人开始意识到，99 乐投可以帮助散户解决自身在个股操作上遇到的疑惑，是散户操盘的重要软件之一。”

99 乐投直播平台设立的宗旨是让投资理财者开心生活、快乐投资。该直播平台所邀请的讲师团队都是各领域的专家，他们只教用户市场上认可的实用投资技巧，教学内容深入浅出。另外，讲师们利用最简单的视频直播方式教学，讲课方式生动形象，深得广大投资者喜爱。概括来说，99 乐投直播平台的课程特色如图 2-20 所示。

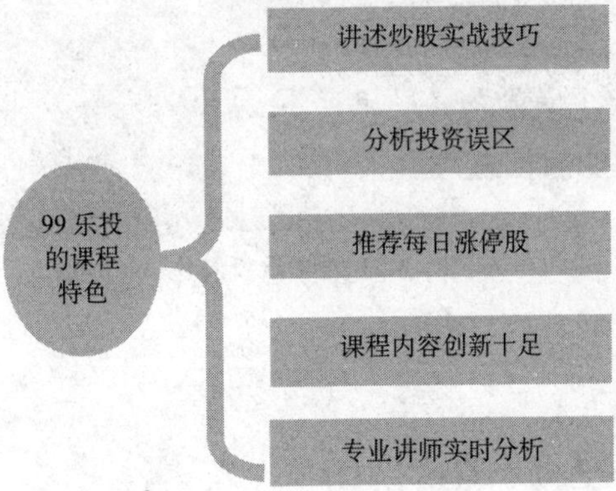

图 2-20　99 乐投的课程特色

99 乐投除了课程有特色外，在其他方面也有很多特色。比如，99 乐投自上线以来，强化了互动交流模式，并推出“私人定制”功能，通过 1 对 1 的服务功能，让用户对产品的体验又提升了一步。99 乐投还有让视频直播跟专家观点随时切换的创新功能，这对解决广大投资者的疑惑又是一个里程碑式的推动。

关于 99 乐投“私人定制”这一功能，Jack 认为，“股市千变万化，如何在变化中找到规律，如何高抛低吸，如何寻找精准买卖点，如何做资金分配。所以，‘私人定制’模块将更好地满足散户们的需求，让散户更容易理解 99 乐投产品所发挥的价值。”

财经直播平台的一个重要着力点是解决散户的操盘疑惑。99 乐投从创立之初就一直致力于解决散户的疑惑，因为线上的散户市场将是理财直播的一片蓝海，99 乐投“私人定制”模块不仅可以帮助散户解惑，还可以为该平台带来巨大的商业价值和社会价值。

概括来说，99 乐投直播平台的特色如图 2-21 所示。

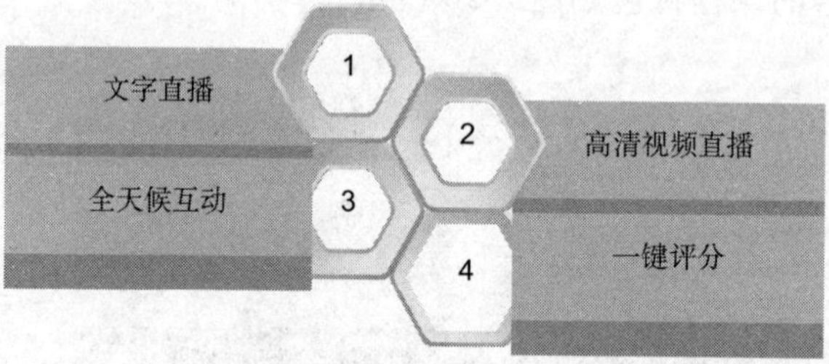

图 2-21　99 乐投特色

1. 文字直播

（1）随时盯紧大盘走势。

（2）让空闲时间转化为财富。

（3）一键关注订阅明日预测。

（4）向支持的讲师一对一提问。

2．高清视频直播

（1）资深讲师在线视频直播。

（2）全面解析个股大盘。

3．全天候互动

（1）为讲师的专业观点点赞。

（2）实时追踪权威讲师资讯。

4．一键评分

在线累计听课 15 分钟，用户即可给自己最爱的讲师评分。

3

直播的盈利模式

网络直播市场潜力巨大，很多人都看到了其强大的变现能力。虽然它已经在产品形态、用户教育上基本成型，但由于各类玩家众多，竞争激烈，格局未定，且都还处于烧钱的状态，急需流量、资源等支持，尤其在变现模式方面还需要加以探索。总之，运营方要知道直播是一种集真实、效率、互动于一体的内容传播工具，它不仅可以与明星、品牌、企业跨界合作，而且所产生的传播效果和变现能力是非常惊人的。本章将对直播平台的盈利模式具体分析。

3.1　国内外直播的盈利模式分析

直播在秀场时期，根本没有大明星参与，因为其投入产出比太低。但在移动直播时代，这些大牌明星只需利用他们的碎片时间，就能轻轻松松赚一笔不小数额的钱。因此，很多明星都纷纷加入直播的行列。不仅如此，凡是有一技之长的人也都挤进直播的行列。为了能最大限度地变现，运营方都非常关注直播的盈利模式。

在直播的演进过程中，有各种各样的盈利模式，随着直播移动化和泛场景化，越来越多的预期盈利模式都可以实现，未来直播还会在模式上和技术上同步创新，那么必将带来更多的变现方式。直播的变现方式如图 3-1 所示。

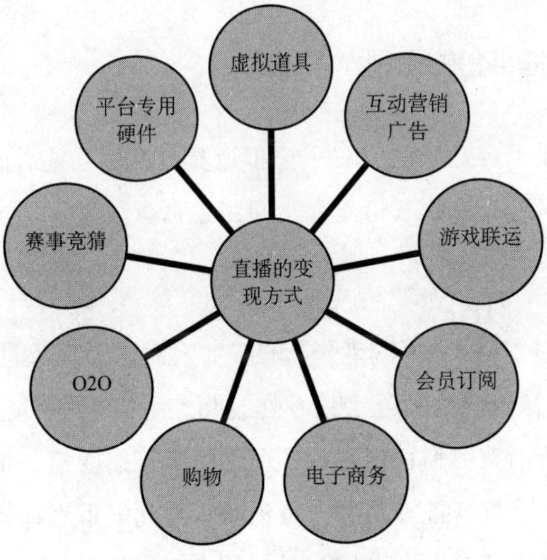

图 3-1　直播的变现方式

（1）虚拟道具：道具打赏，社交等级体系。

（2）互动营销广告：品牌广告，类似在线视频。

（3）游戏联运：和游戏厂商合作，观看游戏类直播时可以进入联运游戏，更有可能做分发。

（4）会员订阅：支付一定费用，享受去除广告等会员特权。

（5）电子商务：游戏竞技、推销商品。

（6）购物。

（7）O2O。

（8）赛事竞猜：投注、竞猜等。

（9）平台专用硬件：直播摄像头、麦克风或更高阶 VR 设备。

3.1.1 国内直播平台的盈利模式归纳

现在的直播平台几乎都设置了虚拟道具打赏的功能，这是直播平台收入来源之一。不过，为什么粉丝会给网络主播豪掷千金，这是外界颇为费解的地方。

YY LIVE 男主播、人称“老毕”的毕加索对这一现象进行了分析。“一开始，我也搞不懂为什么粉丝会给我送礼物，后来揣测可能有两方面原因。一方面是互联网消费习惯已经形成，观看网络直播的第一批人是从游戏频道转移过来的，游戏装备等需要大量消费，因此娱乐直播消费自然不足为奇。另一方面是主播与网友共同成长，网友对于陪伴型的明星很有感情，基于此产生消费。”对此，“老毕”很满足地说，“甚至有一些粉丝，看我直播时还是大学生，后来创业成功了回来给我刷礼物。”

从“老毕”的收入构成来看，只有 20%来自土豪用户，剩余的 80%来自海量普通用户，用户的年龄和职业分布非常广泛。与“老毕”这样的主播不同，美女主播“大蜜”的粉丝只有千人，但是她的营收大部分来自几个土豪，月收入约五万元。“大蜜”的一个粉丝说：“每天观看大蜜直播已经成为一种习惯了，现在工作压力太大，每天晚上听她唱唱歌，逗逗乐挺放松，买点礼物送给她很正常。”

在娱加娱乐总经理王春雷看来，网络娱乐直播消费可以简单理解成为快乐买单。如今，网络直播平台上的明星艺人与传统明星艺人相比，更能戳中普通网友的痛点，因为直播平台上各种类型的艺人都有，每一个网友都可以找到自己心仪的主播，这种盈利模式符合经济学的长尾理论。

2017 年，直播渗入人们的生活里。一部分企业开始在直播领域有所动作。根据直播的发展现状，我国网络视频直播行业的盈利模式如图 3-2 所示。

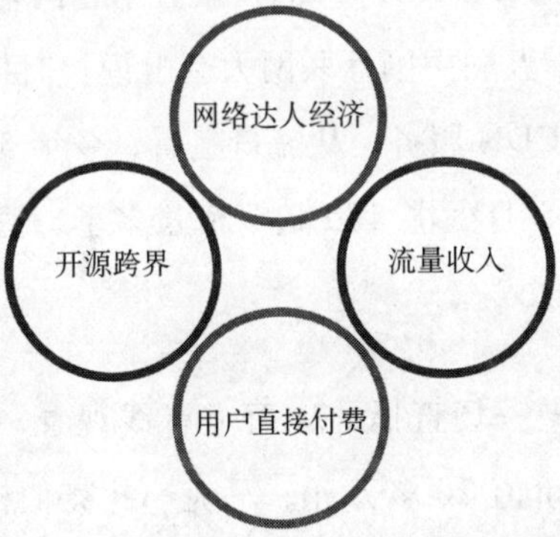

图 3-2 国内网络视频直播行业盈利模式

1. 网络达人经济

papi 酱的视频贴片广告豪取 2200 万元，在 2017 年阿里的“双十一”大促时，有四个网络红人店交易额过亿元，网络达人店首次杀进全网女装行业交易额前十。可见，网络达人的吸金能力非同一般。社会各个领域开始重新审视网络达人，不再把他们当作为了出名、博上位之人，而当作互联网环境下的人格化营销。

例如，登上福布斯排行榜的网络达人米歇尔 · 潘，就是 YouTube 上一名当红女主播。米歇尔 · 潘的收入曾高达 1.2 亿美元。她强大的吸金能力借助既有的粉丝，首先在视频中推荐化妆品，然后再发展到与品牌合作、代言，最后到拥有和创立自己的品牌 Ipsy，从而让粉丝实现最大限度地变现。目前，很多直播平台的主播们大部分都属于米歇尔 · 潘这样的高颜值群体，他们借助既有的用户存量，将自己包装打造，塑造成具有吸金能力的网络达人。

2. 流量收入

直播是互联网的新“风口”，它的火爆可以从流量上看出。内容分发网络（Content Delivery Network，CDN）服务平台网宿科技营销中心总经理孙靖泽在 2016 年第十五届中国互联网大会上说：“目前超过 80%的直播平台选择了网宿科技的 CDN 服务。从流量上看，今年 5 月网宿平台视频直播类月均流量相比去年 5 月大涨 180%。”流量多了，直播平台就可以与品牌签订合约，获得广告收入。

例如，某女明星做一场直播，71 万人在线观看，直接造成直播平台瘫痪，收到的礼物更是价值 20 多万元。马克 · 扎克伯格说：“未来 5 年，移动端 70%流量都在观看视频上。”

网络直播发展到现在，已经具有了明显的社交性，其社交性除了能增加用户与主播的互动性，同时也能增加用户的黏性。直播的社交性主要包括两部分：一是，从直播跨入社交的形式，比如 Periscope（流媒体直播服务运营商）等；二是，从社交增加直播的模式，比如陌陌、Facebook 等。

如今，越来越多的普通公众开始使用直播平台，这将会带动其身边更多的用户围观和使用，以此打造相对稳固的社群。关于社群影响中最重要的是直接流量变现，包括应用启动广告、弹幕广告等。例如，罗振宇的《罗辑思维》，利用用户资源，联合第三方企业，开展更多的线下活动。有一次，罗振宇通过直接派送“福利”给消费量排名靠前的用户，像这样的活动能形成良好的激励机制，从而获得更多的流量变现。

3. 用户直接付费

从直播平台的盈收来看，直播平台的用户是第一批消费者，不过用户付费现在还是主要靠打赏，即用户在观看直播时，通过购买平台设置的虚拟货币或礼品，然后赏给自己喜欢的主播。例如，在斗鱼 TV 直播三国杀游戏对战的女主播，用户的单次奖励虚拟礼品最高可达 500 元，其收入最后由平台与主播三七分成。据统计，斗鱼 TV 的主播每月靠打赏收入约为 5000 元。

此外，主播与用户的互动性增强，会对用户的提问、要求适当地反馈，这也为 VOD（Video on Demand，视频点播，是指根据观众的要求播放节目的视频点播系统，把用户点击或选择的视频内容传输给所请求的用户）在直播中的应用铺路，而用户点播的增多必然会给平台提供更多机会开展直接收费业务。

4. 开源跨界

开放 API（Application Programming Interface，应用程序编程接口）是互联网联通世界的关键。在互联网时代，商业规则从占有变成分享，跨界互联将是未来发展的必然趋势。因此，跨区域、跨行业的合作将成为重要源泉，各直播平台应充分利用自身以外的各种资源，围绕自我打造松散但高效的组织体系。

在这一点上，Facebook 做得很成功。Facebook 在推出视频直播功能后，又进一步开放 API，让更多开放者基于视频直播提供更有趣的内容和功能，现在 Facebook 在直播领域发展得如火如荼。因此，直播平台应该开放 API，让第三方软件参与进来，以便能为用户提供更好的直播服务和更优的直播体验，从而吸引更为广泛的潜在用户群体。当直播平台有足够多的参与者时，其变现方式才能越玩儿越大。

3.1.2 国外直播平台 Twitch 的盈利模式

Twitch 是世界上最大的直播平台之一，也是国外比较有名的游戏类直播平台，被亚马逊以 9.7 亿美元收购，其火爆之势在这里就不再赘述。下面主要讲这个直播平台是如何盈利的，并对 Twitch 的盈利模式具体分析。

相比于国内直播平台，Twitch 有哪些不同呢？其不同点如图 3-3 所示。

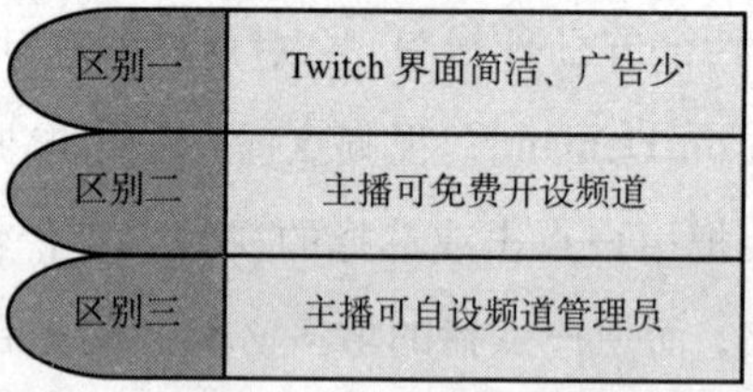

图 3-3　Twitch 与国内直播平台的区别

1. Twitch 界面简洁、广告少

相比于国内直播平台，Twitch 的界面更简洁，广告较少。这样能让用户有更轻松的体验。Twitch 的界面如图 3-4 所示。

2. 主播可免费开设频道

Twitch 平台上的主播可以免费在 Twitch 开设频道，通过 Stream API，用第三方 Podcast（iPod+broadcasting，播客，是数字广播技术的一种）软件向 Twitch 传送即时视频，然后由 Twitch 负责播放。

图 3-4　Twitch 的界面

3．主播可自设频道管理员

在直播平台上，每个主播都可以根据自己的喜好装饰自己的直播间。另外，主播可以把其他人设置成为自己直播频道的管理员，这样在自己的频道，可以让管理员在观看人数很多时，帮助自己维持观看者实时聊天的秩序。

了解了国外直播平台 Twitch 与国内直播平台的不同点之后，下面将介绍 Twitch 的盈利模式。我们将从 Twitch 直播平台和 Twitch 主播两个方面介绍 Twitch 的盈利模式有哪些特色。

1）Twitch 官方的获利方式

Twitch 官方的主要获利方式如图 3-5 所示。

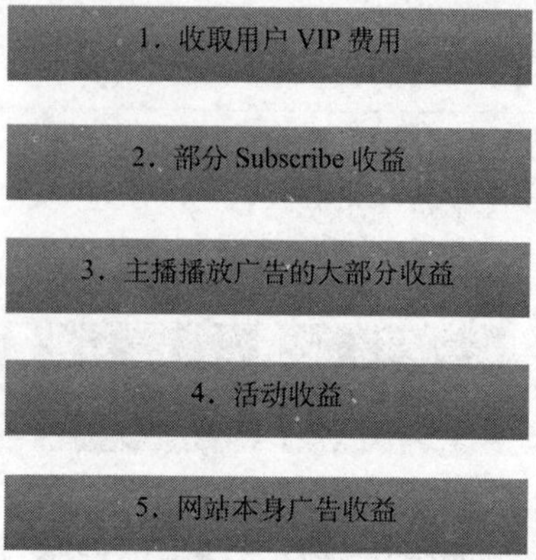

图 3-5　Twitch 官方的主要获利方式

（1）收取用户 VIP 费用。全站 VIP 是 Twitch 获得收益的主要方式之一，按月付费的 VIP 用户有一些专属区域和聊天标志、表情等。

（2）部分 Subscribe 收益。在 Twitch 平台上主播对账号认证之后，就可以开启直播间的 Subscribe（订阅）功能。用户只需要每月支付 5 美元，即可订阅这个主播的直播内容，还可以在该主播的频道里享受一些专属福利。当然，主播从 Subscribe 中所得的收益，有一部分应归 Twitch 平台所有。

（3）主播播放广告的大部分收益。主播可以在直播期间或者直播间做一些广告，当然，这些广告所获得的收益，大部分应归 Twitch 平台所有。

（4）活动收益。游戏设备厂商为了宣传自己的游戏往往需要与 Twitch 合作。

（5）网站本身广告收益。指 Twitch 网站本身的广告，尽管广告商花在每个用户的费用很少，但是那些拥有成千上万个同时观看者的主播，积少成多，主播和 Twitch 的收益就都很可观。

因此，Twitch 能负担起大规模流媒体服务所需的服务器、带宽以及 CDN 等。

2）Twitch 主播的主要获利方式

Twitch 主播的主要获利方式如图 3-6 所示。

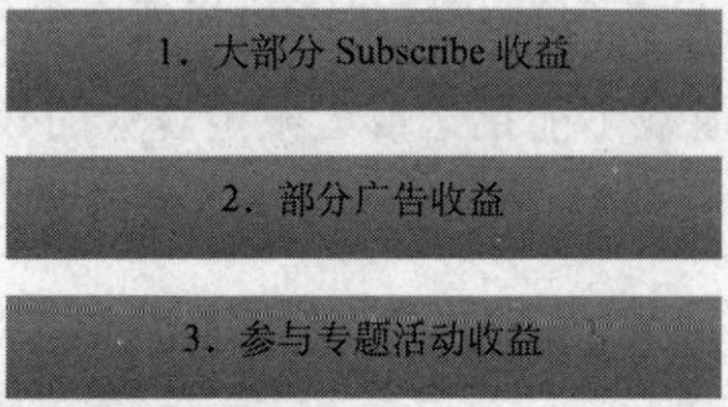

图 3-6 Twitch 主播的主要获利方式

（1）大部分 Subscribe 收益。用户的 Subscribe 付费大多数直接付给主播，少部分归 Twitch 所有。

（2）部分广告收益。Twitch 的主播可以在自己直播的间隙休息时间，选择让 Twitch 播放广告。不过，广告的大部分收益归 Twitch 所有，只有一小部分归主播本人所有。

（3）参与专题活动收益。Twitch 平台的主播一般都和某款游戏等有关，因此，他们可以参与 Twitch 举办的专题活动，从中获得收益。

介绍了 Twitch 与国内直播平台的不同点和盈利模式之后，运营方要学习和借鉴 Twitch 的直播模式和盈利特点，毕竟 Twitch 作为游戏类直播平台的成绩是有目共睹的。

很多游戏类直播平台仅仅满足于让用户看游戏类直播，即使用户可以发评论，但仍然缺少参与感。其实用户可以在平台上做很多事情，而 Twitch 就一直在探索游戏的新玩法，它很早就在平台上开辟了 Twitch Plays 分区，旨在让用户一起玩游戏。

当然，这里的“玩游戏”不是普通的玩游戏。Twitch Plays 是指让作为观众的玩家通过在聊天区输入指令，直接操纵游戏中人物的游戏方式。Twitch 明确规定了这种新型游戏模式不包括观众发出指令，然后由主播一一操作的方式。这类游戏不能挑选或者限定观众的数量，其操作权限必须对所有观众都开放。

Twitch 平台的创新意识让它在游戏类直播平台中具有很多优势，比如，当别的直播平台还在做“播放”事情时，Twitch 已经想到了如何为众多观众提供一项新奇、有趣，并可以和人互动的服务。

在竞争愈演愈烈的直播行业，国内的直播平台一定要学习 Twitch 这种敢想敢做的创新态度，这比通过到处挖主播和猎奇直播内容吸引观众要好得多，也更有利于直播平台的发展。

3.1.3 斗鱼 TV 的盈利模式

斗鱼 TV 与国内其他游戏类直播平台相比，做得确实很优秀。其网页设计得相当有美感，配色和格局都可以与虎牙直播和 Twitch 相媲美，还拥有一套非常严格的内容审查制度，这说明斗鱼 TV 在网页设计、平台运营、应用设计、维护秩序等方面，的确下了非常大的功夫。斗鱼 TV 界面如图 3-7 所示。

图 3-7　斗鱼 TV 界面

像斗鱼 TV 这样的以游戏类直播为主的平台，其盈利模式大体分为三大块（见图 3-8）。当然，直播平台不同，主播的收益方式也各异。例如，虎牙直播由于自身平台的特性，用户较多且比较稳定，所以该直播平台的主播收益模式借鉴了娱乐主播的收益模式。虎牙直播的主播一方面可以从虚拟粉丝的分成中获得稳定收入，另一方面也可以依靠用户的增长实现收入的同步增长。

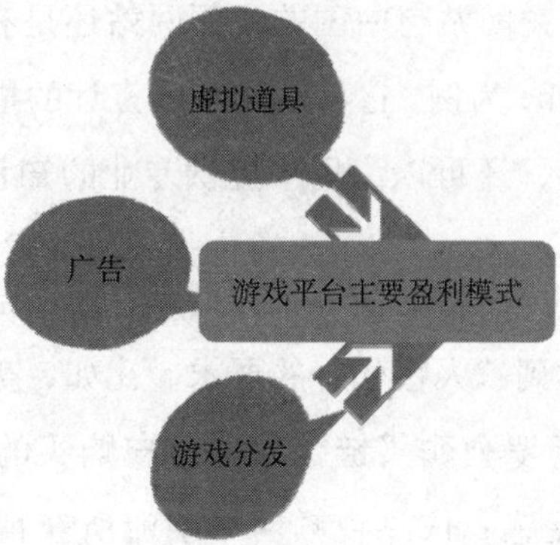

图 3-8　斗鱼 TV 的主要盈利模式

此外，斗鱼 TV 还通过与页游合作，分流用户产生的价值。这种通过主播吸流量，再通过流量换页游收入的盈利模式的持续性以及市场预期，都还有待观察。

3.1.4 “直播+销售”的盈利模式惊呆风投圈

当下最流行的直播平台包括映客、YY LIVE、斗鱼 TV、小咖秀、虎牙直播等，很多用户都被大量的网络红人、主播们所吸引，在各个直播平台都在这场流量争夺战中争得你死我活之时，方维直播的新盈利模式出现了，而且很快就火了，这种新盈利模式就是“直播+销售”。

方维直播如何开启“直播+销售”盈利模式呢？“直播+销售”如何让直播平台快速变现呢？为什么“直播+销售”会让风投圈都惊呆呢？下面将一一解答这一系列问题。

1. 开启“直播+销售”盈利模式的原因

在视频领域内，仅靠收取广告费、会员费的传统视频网站收费模式已经不足以实现平台盈利。因此，运营方纷纷探索新的盈利模式。

目前，国外的视频网站与中国的视频网站还是有所不同的。以国外最大的视频网站 YouTube 为例，它可以让数以万计的搭配达人和美妆爱好者在自己的平台上出名，还可以为用户提供专业的知识及购物指导。

当然，像 YouTube 这样的国外视频网站，提供给用户的直接购买渠道和用户体验还没有达到“人性化”的要求。比如，美妆类主播，他们着重介绍化妆品用途以及罗列购买链接引导用户购买的方式太直接了，这样很容易引起用户的反感。依靠视频网站引流所获得的收益，既不归内容制造者（网络达人）所有，也不归视频网站所有，而是归品牌商或者生产商所有。

在视频网站的巨头们依旧为探索新盈利方式而苦恼时，韩国的视频直播平台 AfreecaTV 的分支——吃饭直播出现了，并一炮打响。这引起了视频网站的强烈关注，吃饭直播的火爆耐人寻味，吃个饭都能赚钱？于是，视频网站脑洞被打开了，各式各样的直播陆续出现。所以，如今的视频网站新趋势除了弹幕，还将有更多新的分支——秀场类直播、游戏类直播、消费类直播……

纵观直播当前的市场，主要以秀场模式和游戏模式为主，盈利主要依靠平台收取广告费用或享受与主播红人的收益分成。虽然视频网站有了新的盈利模式，但这依旧不能满足他们的需求。于是，他们又开始探索直播盈利的新商机。

直播与其他社交工具不同，它具有深入互动的特点和独特优势，这给一直处于不断创新的电商营销带来了新启示。之前，所有商家为了吸引买家的注意，都在文字、图片、版式上大做文章，追求创意。如今，直播给了商家和买家新的互动方式，这使得商家有望通过更丰富、更好玩、更有趣的内容创意吸引买家，并增强与买家的互动。直播还将通过其直观性很好地弥补传统电商平台商品展示仅限于图片、文字的劣势。

跨境电商菠萝蜜是最早让直播和电商营销相结合的商家之一。可以说，菠萝蜜开创了在线直播销售新模式。随后聚美优品和洋码头纷纷试水直播销售业务，并获得了很多好评。当然，作为电商界的“领头羊”淘宝，自然也不会放过这样的好机会，不久，手机淘宝便正式推出淘宝直播平台，并在各大网络达人的销售直播中迅速走红。

2.“直播+销售”快速变现的原因

淘宝直播平台开创了消费类直播平台的经典商业模式，而且其火爆之势被很多商家羡慕。在淘宝直播平台上女性比例约占80%，且每晚8点至10点不仅是用户收看直播最踊跃的时段，同时也是买家最愿意下单的时间。另外，阿里百川支持的“边看边买”功能，可以让用户在不退出直播的情况下，直接下单购买主播推荐的商品。因此，阿里百川对直播技术的改进更容易激起买家内心购买的欲望和热情。

现在打开淘宝页面，就可以看见淘宝直播，用户可以边看直播边购买自己想要的商品，这种“边看边买”模式让当下的年轻人非常喜爱。如今，很多平台都搭建了自己的直播营销，化妆品网直播化妆促销、装修网直播房子装修等。既然要做直播，技术过硬才能抢占先机。

借助淘宝直播平台的东风，方维开始进行销售直播。为了助力中小电商平台及企业进行直播营销，得到粉丝红利，方维推出了“方维互动直播系统”。方维互动直播系统专注于视频直播开发的研究与发展，其负责人认为视频直播未来必有大发展，必将对众多行业的营销有巨大推动，这些都是因为视频直播具有更深层次的互动性。

直播较以往静止的既定营销模式有着无可比拟的优势。例如，传统的广告或者宣传都是由商家早已准备好的软文或者创意展示在用户面前，用户只能静静地观看，获取其中的信息，根本无法做到深度的互动，也就无法引起用户更大的兴趣。

在方维互动直播中，商家和用户的互动被提上重要地位，系统为此开发了相当多的直播互动功能，比如弹幕、打赏等，视频主播可以在现场“表演”的同时与观看者深度交流，观看者可以随时给直播提出意见，而主播的及时回应，会让观看者获得直观满足感，因为他认为他的意见得到了回应，说明他受到了自己喜欢的主播的重视。而诸如此类的互动影响对于整个直播活动的吸引也是巨大的，因此它也给除电商外的其他商家带来了很多启发，促进了各行各业营销的发展。

3．“直播+销售”惊呆风投圈

越来越多的中国企业都意识到了直播的巨大潜力，现在直播模式在中国可谓是四处开花。截至 2017 年 2 月，中国的直播类创业公司达到 300 多家，直播平台背后的推手不乏 IDG、红杉、创新工场等知名投资机构，也包括诸多上市公司，如百度、腾讯、网易、乐视、暴风、欢聚时代、搜狐、陌陌等，这些巨头们都早已布局视频直播平台，目的是争夺移动直播不可估量的亿万用户流量。

“优质内容直播＋电商销售”模式能够很好地实现商业变现。很多平台在直播视频的旁边加入购买链接，这种视频直播版的“什么值得买”，更能够勾起用户的购买冲动，且用户体验比前面所提到的 YouTube 引导购买方式要方便很多。现在的视频直播平台基本都实现了让观众边看直播边痛快地购买的功能，这也是为什么那么多大玩家、大机构看好“直播+销售”模式，并纷纷入场争夺的缘由。

另外，直播平台成为“直播＋销售”盈利模式的制定者，可以建立自己的品牌商城，然后将网络达人、用户聚集在直播平台上，这样所有的商品销售、资金、用户信息、购买数据等都在直播平台上积累沉淀，直播平台可以跟网络达人以分成或者收取平台服务费的方式变现。

当然，“直播＋销售”势必成为未来视频网站变现的出路，而且也是新一轮的风靡各行各业的营销模式。不仅是电商平台，各行各业都会把直播作为其主流的广告和营销的标配。“直播+销售”这种边看边买的消费体验比传统的图片和文字更有吸引力，同时，用户转化效果也将更好。因此，现在风投圈都瞄准了这一市场，而方维所开发的方维互动直播系统更是惊呆了风投圈，会成为风投圈巨头们纷纷争夺的对象。

3.2 如何选择适合自己的直播平台盈利模式

找准定位、完善盈利模式是目前直播平台最需要做的事。直播平台的盈利点可以从粉丝经济的角度研究。直播平台的不同优势大体可以从虚拟道具打赏模式、主播人气变现模式以及广告、游戏、电商盈利模式等方面考虑。

3.2.1 直播平台虚拟道具打赏模式

做秀场业务的 YY LIVE，最主要的变现方式是虚拟道具打赏。这种变现模式获得的收入由直播平台和主播分成，直播平台不同，分成比例也不同。YY LIVE 靠着虚拟道具打赏的这部分收入，一路闯进纳斯达克，并一度达到市值 40 亿美元。跟在其身后的 9158 和六间房也分别通过虚拟道具打赏模式实现了在港股和 A 股上市。

除了 YY LIVE、9158 和六间房这三个传统直播平台采用虚拟道具打赏模式外，美拍作为直播领域的领军直播平台，在直播时，其盈利方式之一就是通过观众送给主播的虚拟道具，比如，爱大家、吻屏、花痴、心动、送花、玫瑰花、药丸、肥皂、表白、金话筒、小金人、超级赞等。

某组合在美拍上第一次试水直播中与粉丝进行了不到一个小时的互动，这次直播就被粉丝打赏了将近 30 万元，该组合在直播平台上的吸金能力算是粉丝经济通过直播变现的经典案例。结合之前已经多次出现的影视娱乐明星在各类直播平台上引爆的超高人气和打赏金额的情况来看，恰恰证明了虚拟道具打赏在移动直播这种新形态下产生的能量是巨大的。

目前，虚拟道具主要分成图 3-9 所示的四个层次。

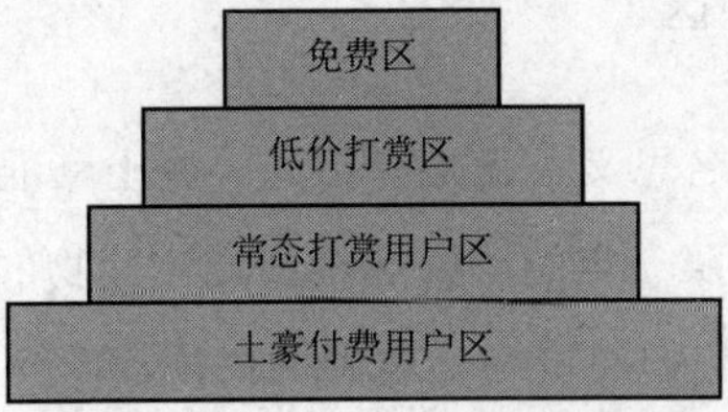

图 3-9 虚拟道具四个层次

1. 免费区

直播平台提供免费道具的目的主要是增加氛围，让不付费用户也能参与其中，和主播互动，但免费道具每天有时间和次数限制。

2. 低价打赏区

低价打赏区的币值在 1～5 币。通常来说，这个价位的虚拟礼物类型很丰富，一般尽可能涵盖所有用户打赏时出现的心理需求。直播平台之所以这样做，其主要目的是引诱用户进行第一次充值。另外，直播平台在设置充值金额时，也有一些小窍门，不要设置那些刚好够买用户想要道具的金额，而要按照一个套餐包给用户定制，这样用户才能一次性购买更多的道具，从而促进用户的消费。

3. 常态打赏用户区

当用户因为低价打赏产生付费行为后，他们必然不会一下子用完自己所有的虚拟货币。这个时候平台要做的是让用户尽快地把现有的存货消耗完，并开始下一次充值。此时，直播平台要在用户打赏某一个道具时，出现一些连击的强提示，而且在连击出现时还要有一个明显的霸屏展示。这样用户在连击几次后，就会消耗很多虚拟道具。直播平台以这样的方式促进了用户的消费。

4. 土豪付费用户区

土豪付费区，顾名思义，就是专门为一些土豪准备虚拟礼物。这里的道具不像前面那些按照一定的阶梯递增而设定礼物的价格，这些礼物都是不讲道理的贵，单件礼物的价格能达到人民币 688 元、1314 元，甚至 3344 元，这些礼物均以豪车、游轮和超级钻戒为主。在这个付费区域内，绝对要满足土豪用户打赏时那种一掷千金的豪气，让他牢牢吸引住主播和全场看客的目光。因此，直播平台在土豪付费用户区，其道具定价一定不能省、不能抠，下手必须狠。

截至 2017 年 12 月 31 日，花椒直播平台应用商店虚拟道具兑换表如表 3-1 所示。

截至 2017 年 2 月，已经出现 200 多家直播平台，几乎每个平台都设置了虚拟道具打赏功能，这里就不一一列举了。但是，要提出的是，有的平台的道具设置显得太过随意，而有的平台则设置得非常细致，照顾了大部分用户在特定场景下会发生哪个打赏动作的心理唤起或者心理冲动。当然，后者在虚拟道具打赏这个变现模式上面获得了高收入，而前者只能获得极少的收入。

表 3-1 花椒直播平台虚拟道具兑换表

单位：花椒豆（1 元人民币=10 花椒豆）

花椒豆数量	虚拟道具	花椒豆数量	虚拟道具
1 豆	一见钟情、金话筒、掌声、桃花、太阳花	1000 豆	花车
2 豆	黄焖鸡、女神、栀子花	1040 豆	风雨相守
5 豆	喜欢你、彩虹玫瑰	1600 豆	爱情木马
10 豆	蒲公英	1666 豆	梦幻水晶鞋
22 豆	香吻	1888 豆	我爱你
66 豆	心花怒放	2888 豆	梦幻森林
99 豆	么么哒	2999 豆	一吻定情
100 豆	肥皂掉了、遇见	3000 豆	爱情远航
108 豆	这是我女朋友、这是我男朋友	3334 豆	三生三世
126 豆	洪荒之力	3600 豆	浪漫碰碰车
200 豆	梦幻蝴蝶	4888 豆	追爱兰博基尼
214 豆	浪漫告别	5000 豆	帝王蟹、梦幻之城
216 豆	花季的单车	8888 豆	湾流
233	一言不合	9999 豆	花椒之液
256 豆	草莓花篮	11111 豆	为爱启航
300 豆	告白	16000 豆	甜蜜之旅
369 豆	表白花语	19999 豆	爱神蓝色妖姬
499 豆	壁咚	22222 豆	白羊の守护、金牛の守护、双子の守护、巨蟹の守护、狮子の守护、处女の守护、天秤の守护、天蝎の守护、射手の守护、摩羯の守护、水瓶の守护、双鱼の守护
500 豆	久伴	28888 豆	飞越梦幻岛
520 豆	怦然心动	29999 豆	魔力药水
600 豆	快乐摆摆船	36000 豆	幸福摩天轮
666 豆	心想事成	52000 豆	梦幻城堡
777 豆	百合花开	52100 豆	女神降临
888 豆	玫瑰花盒		

不过，虚拟道具打赏模式到现在还不能称为互联网领域的主流变现模式。从秀场类公司的财报来看，虚拟道具的变现收入 70%基本上都是由 5%的土豪用户贡献的。这说明虚拟道具打赏模式在 PC 直播领域依然是小众行为。到了现在的移动直播时代，这种变现模式要形成全民打赏的氛围，需要大幅提升打赏功能的使用频次和场景。此外，要想使虚拟道具打赏模式成为主流的商业变现模式，还需要考虑两个核心因素：一是持续的优质内容；二是打赏系统的变现效率。

虽然虚拟道具打赏模式的确能帮某些业务赚钱，但是一个好的变现模式不能只适用于一类业务。比如，美拍除了有虚拟打赏模式外，还利用了“直播+明星+品牌”、广告、电商等盈利模式。这样，直播平台才能获得最大的利润，获得持续发展。

3.2.2 花椒直播人气主播人气变现模式

现在很多直播平台的人气主要靠知名主播，然而知名主播在有了众多粉丝之后，他们就开始自己开淘宝店，或者代理各种品牌，甚至他们还打造自己的品牌，这时平台是不好插手的。当直播平台依靠知名主播有了很多流量之后，就可以自己打造明星了。在直播平台通过正规化运营、捧红新人主播的时候，主播的人气变现手段将由平台自己把控。例如，火猫 TV 现在已经有了一家下属经纪公司。当然，要打造下属经纪公司，直播平台的人气积累是必不可少的。那么如何积累人气呢？下面以花椒直播平台为例。

花椒直播现在已经走在了移动直播的前端，成为当下移动直播领域的中流砥柱。花椒直播最大的亮点是拥有庞大的明星资源。在推广期间，花椒直播平台有大批当红明星助阵，他们通过对明星做专访，让明星做主播的方式吸引用户关注。如今，花椒直播平台通过把握热门明星、节目，并对平台进行高端定位，现在已经成了明星专访的“根据地”。具体来说，花椒直播聚集人气的特色如图 3-10 所示。

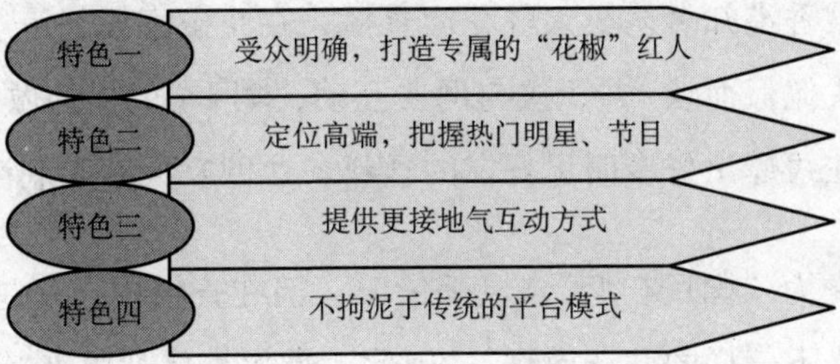

图 3-10 花椒直播聚集人气的特色

1. 受众明确，打造专属的“花椒”红人

现在的直播已经完全不是美女、帅哥的天下了，也早已不能够满足用户的需求了。随着现代人的兴趣越来越广泛，美妆、运动、教育、旅游、美食等领域都有一大批追随者，而这些追随者就可能发展成为自己直播内容的粉丝。

花椒直播平台上有各种各样的直播内容形式，比如，明星访谈、展示“90 后”群体的精彩生活、时事热点等。花椒直播平台丰富多彩的内容定位形式，可以满足不同群体的不同需求。

总之，花椒直播平台正在不断完善直播平台的视频分类，如直播音乐、美妆、美食等内容，主播们不断提升自己，通过自身的才艺和优点输出优质内容。例如，被誉为“90 后”“鲜肉厨师”的孔繁浩，他利用自己在美食方面的才艺，在花椒直播间通过视频直播教网友做不同的美食，获得了大批忠实粉丝。

2. 定位高端，把握热门明星、节目

花椒直播所请的主播和所讲的内容，都以定位高端为主，它几乎把所有类型的明星都请了一遍，很多与他们荧幕上不一样的一面统统被挖掘出来。例如，某香港知名艺人入驻花椒直播，在花椒直播的第一次直播中，面对直播镜头侃侃而谈，并积极与网友互动，对网友的提问做了重点解答。同时，他还在线爆出好多明星好友的猛料，让网友大呼太刺激。

该艺人身为“国民初恋”，风采依旧。但在直播中，还是让网友看到了与以往风格不一样的“浩南哥”。因此，首次直播就引来 400 多万个粉丝围观。之后，在这位艺人正式入驻花椒直播后，他还会经常在花椒直播与网友互动，而且每次他都会精心策划不同的主题，比如“变身”DJ 带领网友回顾经典粤语歌曲 30 年，或者直播他作为超级奶爸的日常生活，向网友展示自己温柔居家的一面等。

此外，花椒直播还与当下的热门节目合作，组织直播各类影视剧的发布会、直播影视剧拍摄现场等，让用户不仅看到影视剧的完美一刻，还可以看到幕后更多的花絮细节。这些猛“料”都能吸引很多用户的关注。

3. 提供更接地气的互动方式

花椒直播为了聚集更多的人气，还提供了更接地气的互动方式，让用户可以与明星、网络达人们有更直接的互动，从而让粉丝们见到自己偶像更鲜活、更接地气的一面。

花椒直播经过一段时间的人气积累，不仅聚集众多人气，而且也成为明星聚拢人气的重要战场。在花椒直播上，不断有明星大咖亮相，其中某人气女演员亮相花椒直播，超过 400 万个粉丝在线观看；某男演员被称为“国民男神”，当其携新作亮相花椒直播，引来 550 万个粉丝同时在线观看。

此外，花椒直播致力于打造“明星战略”，这种战略通过紧锣密鼓地向纵深方向发展，让传统的娱乐圈与全新的互联网技术深入结合，不仅迸发出惊人的能量，而且也为直播行业和移动互联时代开阔了全新的视野。

4. 不拘泥于传统的平台模式

花椒直播不拘泥于传统的直播平台模式，今后还将引入新技术——3D、VR 技术，并将这些高科技与移动直播结合。比如，它将开设 VR 直播间，让用户体验到在主播所在环境中的真实感。这种新的直播模式势必会吸引更多的用户参与，因为它能让用户体验身临其境的直播内容，所以必将成为颠覆传统直播的新模式。

总之，花椒直播能够在趋于饱和的移动直播市场中脱颖而出，并保持蓬勃发展的状态，最重要的原因是它总是站在用户的角度，考虑用户的体验和需求，推陈出新，依靠人气主播赚人气。在粉丝经济时代，有了粉丝就有了变现的基础。因此，运营方要学习花椒直播这种利用人气变现的盈利模式，找出吸引粉丝的“料”。

3.2.3 BAT 广告、游戏、电商盈利模式

在前文中讲过，目前网络直播行业随着互联网日益发展壮大，4G 网络不断覆盖，直播行业已经成为各巨头纷纷争抢的对象。现在在直播的盈利模式中，广告、游戏和电商是很多巨头们布局直播行业的关键点。

其中，广告很好理解，凡是人多的地方，就会有广告，如果还没有广告，只能说是时候未到；游戏联运方面现在基本可以分为端游联运、页游联运和手游联运，手游联运会成为直播平台一片很大的市场；电商在前面讲过，其“直播+销售”的盈利模式也会在各直播平台逐渐铺开。

在互联网“三大巨头”BAT（百度、阿里巴巴和腾讯）的主要营收中，广告、游戏和电商各占其一（见图 3-11）。其中，百度的收入主要依靠搜索广告，阿里巴巴的收入主要依靠电商，腾讯收入的大部分则是游戏。当然，其他中小型公司想要赚钱，要在这三个方向上多思考。

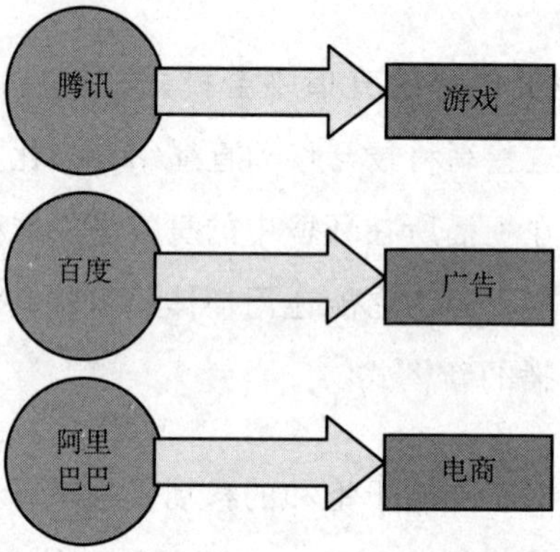

图 3-11　BAT 各公司的主要营收

目前，大型直播平台每日高峰时段同时在线人数超过 400 万，同时段直播房间数量超过 3000 个。在如此庞大的直播市场中，自然也少不了 BAT 的身影。其实，腾讯、百度、阿里巴巴早就向直播行业开启了进军模式。相比较而言，腾讯是目前在直播行业中表现最为突出的。

1. 腾讯在网络直播的布局

腾讯以社交软件起家，对于直播市场的反应相当敏感，动作十分迅速。早在 2013 年，腾讯便开始在直播市场上做战略部署，一方面，腾讯投资直播平台，另一方面，腾讯也自建直播平台，比如 NOW 直播、QQ 空间直播、腾讯直播、企鹅直播、花样直播，如图 3-12 所示。截至 2017 年，腾讯投资和自建的直播平台达到 20 多家。可见，腾讯对直播市场的关注度是很高的。

图 3-12 腾讯自建的直播平台

另外，腾讯还投资了两大游戏类直播平台——龙珠直播和斗鱼 TV，并在秀场与教育领域投资了呱呱视频与红点直播。

从目前的布局来看，腾讯在直播行业中占据了大片市场。当然，腾讯对直播行业的投入自然不是靠数量取胜的，在直播内容上也下了很大的功夫。如今，腾讯旗下的直播平台已经覆盖了泛娱乐、体育、游戏、明星、教育与生活等多个领域。

如今，腾讯在直播行业内的成绩是有目共睹的，一切荣耀的背后自然离不开其社交软件及旗下其他产品对直播平台的扶持。比如，腾讯利用 QQ 与微信这两大社交软件对移动直播平台所起的推广作用是不言而喻的。另外，腾讯在游戏市场的投入力度也是非常强大的，腾讯的大部分收入也都来自游戏。在游戏方面，腾讯开发了不少经典作品，而这些经典作品与游戏类直播平台相结合，可以说是完美的。比如，游戏玩家可以直播自己玩游戏的过程，可以通过直播教用户玩游戏等。这些新的直播内容自然又会吸引更多的粉丝群体。

另外，腾讯对旗下直播平台的支持，当然不仅局限于自身强大的社交平台、游戏等资源，还在技术方面给予全力支持。为了促进直播平台的稳定发展，腾讯还在直播发布能力、前端解决方案以及视频、音频保证等方面发力。正是由于腾讯的大力支持，腾讯旗下的网络直播平台在移动直播市场上占据了很大的份额，也做出了自己的直播平台特色。

2. 百度在网络直播的布局

百度曾推出大型在线视频娱乐直播平台——百秀直播。相比于腾讯，百度在直播行业的投入似乎过于平淡，并不急于求进，只是在直播行业中慢慢地摸索，以便寻找出一条最适合自己的道路。

百度曾在开发者中心举办的第 64 期沙龙上，探讨了关于聚焦在移动直播与移动游戏领域的主题内容，这次大的动作可以说是百度为今后移动直播埋下的一个小小伏笔。总之，在移动互联网高速发展的环境下，无论是百度，还是其他互联网巨头们，都不会眼看着移动直播这块大蛋糕任人切割。

3. 阿里巴巴在网络直播的布局

如今，“直播+电商”的趋势越来越明显，阿里巴巴拥有中国最大的电商平台——淘宝和天猫，自然不会坐视不理，任人抢夺电商领域内的蛋糕。于是，阿里巴巴也在直播领域投入人力和物力，迅速推出淘宝直播与天猫直播两大直播平台。相比于其他直播平台，淘宝直播与天猫直播的优势还是很明显的，用户可以一边观看直播内容，一边挑选主播推荐的产品。

不过，淘宝直播和天猫直播有很大的不同。其中，率先一步上线的淘宝直播，在推送方面针对性较强，目标客户大部分为女性群体。而随后上线的天猫直播，则在用户收看直播过程中更加突出品牌营销互动环节，从而为直播平台创造更多的收益。

虽然阿里巴巴在泛娱乐直播领域还没有建立自己的直播平台。但是，优酷土豆作为阿里巴巴的全资子公司，已经打造出来疯直播平台。来疯直播平台是最火的视频直播平台之一，该平台具有强大的技术支持，不仅可以提供各种各样的视频真人生活秀，而且还能保证令其他直播平台羡慕的流畅度，比如，数万人同时在来疯直播平台上做在线视频直播、聊天、交友，速度流畅不卡。另外，阿里巴巴还投资了游戏类直播平台——火猫 TV。为了提升竞争力，阿里巴巴还让火猫 TV 在内容方面与优酷土豆合作。可见，阿里巴巴在直播领域做了全方位的布局。

3.2.4 直播未来的盈利模式

如今，各大企业和网络达人们都在直播行业进行各种观察和探索，相信不久，各大品牌会将企业宣传的一部分主场转移到直播平台上，而网络达人这一概念也将愈发火爆。直播未来的盈利模式如图 3-13 所示。

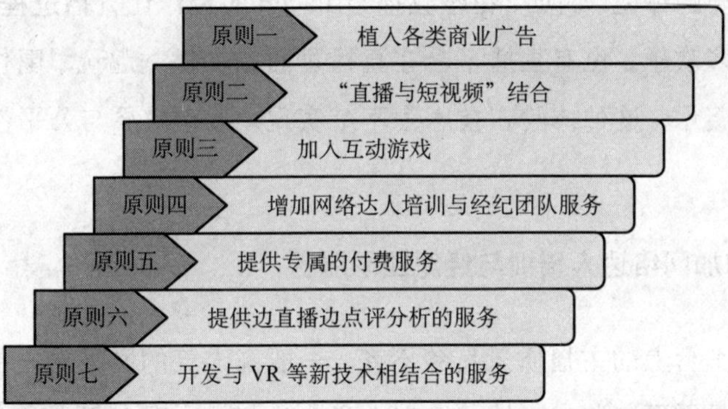

图 3-13 直播未来的盈利模式

1. 植入各类商业广告

直播平台上的一些特殊道具、礼物设计是隐性的商业广告，这些商业广告是直播平台盈利的主要方式。如何更加合理地设置隐性的商业广告呢？比如，必胜客在 QQ 农场中投入优惠券、Adidas 在模拟人生中植入广告等。像这类的广告植入能够满足各类广告主的需求，促成了品牌个性化的传播，而且既能契合广告产品的特点，又能激发用户对品牌的回头率。因此，直播平台要在礼物道具的设计上多花一些心思。

2.“直播与短视频”结合

直播平台将直播与短视频结合，能够把漫长的直播内容剪辑成精华片段。这样可以让那些因为各种原因没有时间收看直播的用户了解直播的大概内容。短视频运营模式在美拍、秒拍上有天然的优势，如果能够将短视频放大，其盈利潜力不可小觑。

3. 加入互动游戏

网络直播是一种高效率的网络社交，倘若在直播中加入互动游戏，必然增加用户的体验。例如，花椒直播与 Faceu 的合作让直播过程趣味十足，平添了许多欢乐。也有直播平台在直播页面和主播一起玩“围住神经猫”，比赛设置奖惩，这种体验在技术上不难实现，互动效果与公平性均可以得到保障。

4. 增加网络达人培训与经纪团队服务

直播平台上的主播质量良莠不齐，一般高人气的网络达人主播，在直播的幕后是需要包装、场控、策划、商业谈判的。现在不少直播平台都设置了网络达人孵的计划，将品牌引入直播平台。因此，为了培养一批有竞争力的主播，直播平台要加强对网络达人的培训，让他们不仅仅在颜值上有优势，更要在才艺上有优势。

另外，几乎所有高人气网络达人的背后都离不开经纪公司或公会的扶持，在这些强大支柱的力“捧”下，他们能很快受到关注。如果仅靠主播一个人的力量，即使自己会十八般武艺，也很难在直播平台上立足。目前，很多平台都与经纪公司合作，有了非常成熟的经纪模式，这在第 5 章中将会详细介绍。

5. 提供专属的付费服务

现在各大直播平台都采取全民直播的策略，通过免费注册的方式积累用户。后期，直播平台很可能会推出类似知乎 LIVE 的专属在线回应，到那时主播将不会再面向所有用户，而是设立会员制，对会员收取一定的会员费，为他们提供专属服务。例如，YY LIVE 的贵族、珍爱团体是只为某个主播开通贵族或者守护者身份的用户提供服务，其服务包括在主播直播间使用的一系列特权，且能够为主播带去佣金分红等。运营方可以参考 YY LIVE 的这种直播会员制。

6. 提供边直播边点评分析的服务

用户依赖直播产品的原因之一是真人视频直播能给他们带来陪伴感。你想象一下，如果你在看一部电影或者电视剧，线上的主播与你一起观看，还会对各情景及时点评互动，这就像有人陪你一起看电影或电视剧，这种观看体验是很多人都渴望拥有的，毕竟一群人一起看电影比一个人看电影要好玩。

7. 开发与 VR 等新技术相结合的服务

VR 就是虚拟现实，直播平台通过“直播+VR”模式，能带来的不仅仅是 4D 观感服务，最重要的是能让用户跨越时空，通过虚拟网络直播还原一个近乎真实的场景。这种应用在“二次元”世界常见到，即几个领袖召开线上会议，看起来他们像是坐在一个圆桌前开会，其实根本不在一个空间。VR 还可以结合企业、品牌，做产品活动的体验。这种虚拟现实的用户体验，在很大程度上满足了人们对真实感的需求，这种服务将会为直播平台带来巨大的潜在价值。

4

搭建直播平台及组织架构

各行各业都在纷纷布局直播行业，特别是互联网巨头们以及创业者们也开始自己搭建直播平台及组织架构。那么如何精准定位直播平台，如何搭建网络视频直播系统，如何寻找中国式合伙人，这对互联网巨头和创业者们都是不可避免的话题。本章将对这些问题做一一详解。

4.1 常见的直播平台类型

2016 年 4 月，腾讯直播、小米直播悄然上线；2016 年 5 月初，手机淘宝正式推出淘宝直播平台；2016 年 5 月 13 日，新浪微博宣布携手秒拍推出移动直播应用——一直播；2017 年，皇后直播、蜻蜓社区等热门直播平台纷纷问世……可见，各大行业巨头都在纷纷布局直播行业，搭建直播平台。

直播用户一直是各大直播平台争抢的对象，然而各类直播平台的用户构成、使用偏好、消费能力以及对直播平台的影响等因素都是不同的。以用户的偏好为例，游戏类直播用户娱乐与学习兼顾，喜欢玩游戏、看书；体育直播用户喜欢旅游、骑行等户外活动；真人秀场类用户社交和消费意愿强烈，喜欢音乐、爱玩图。通过对各类直播用户的不同点进行分析，直播平台运营者才能清楚哪些因素决定直播平台的未来，哪些因素能帮助直播平台盈利。

总之，各类直播平台运营之前，对直播用户的精准定位是必不可少的。下面将从娱乐类、游戏类、体育类、明星真人秀类、购物类以及专业领域类对直播用户一一分析，以帮助直播运营者更好地了解直播用户，从而搭建出适合自己的直播平台及组织架构。

4.1.1 娱乐类

从 2015 年下半年开始，国内在线直播已经进入快速发展阶段。2017 年，直播行业更是炙手可热。据相关统计，超过一半的网民都收看过在线直播。从观看内容来看，娱乐类直播内容最受欢迎，占网民收看在线直播类型的 50%以上。娱乐类直播起源于早期的 YY 娱乐、六间房秀场类直播，但它的直播内容比单纯博眼球的秀场类直播更专业、更丰富。

娱乐类直播主要包括娱乐直播和生活直播两类，其中娱乐直播主要为女主播卖萌撒娇等，生活直播主要为逛街、做饭、出行等。目前，娱乐类直播的直播平台主要有 YY LIVE、斗鱼 TV、美拍，如图 4-1 所示。

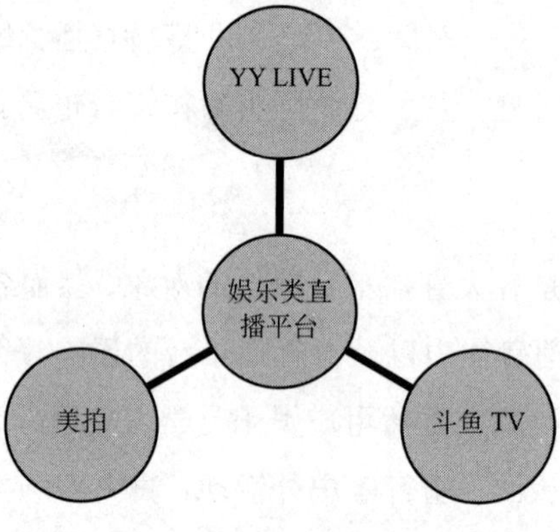

图 4-1　娱乐类直播平台

1. YY LIVE

YY LIVE 是中国最大的综合娱乐直播平台，成立于 2005 年，并于 2012 年在美国纳斯达克上市，2015 年向虎牙直播注资 7 亿元，在 2017 年投资我国最大陌生人社交平台——探探。因为 YY LIVE 比其他娱乐类直播平台起步都早，它发展到现在，YY 语音、YY 体育、YY 娱乐已经累积超过 10 亿个注册用户，无疑已成为国内直播行业第一。

另外，YY LIVE 所聘请的主播及直播内容都有完整的分类体系，主播及背后的经纪公司服务团队也较为完备。从 2017 年第一季度中国直播类 App 排行榜（见图 4-2）来看，YY LIVE 以 24.2%的活跃渗透率在众多网络直播平台中排名第一。

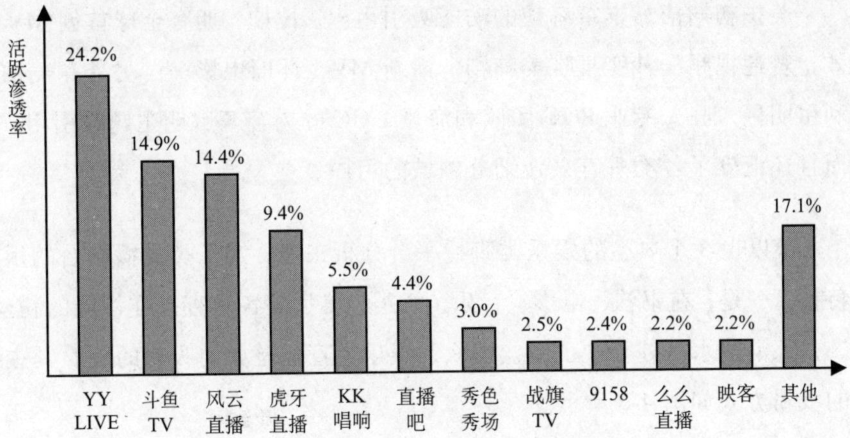

图 4-2 2017 年第一季度中国直播类 App 排行榜

2. 斗鱼 TV

2016 年 3 月 15 日，斗鱼 TV 得到腾讯等企业 1 亿美元注资，其直播内容逐步由游戏类直播向体育、综艺、娱乐、户外等多种直播内容扩展。2017 年，斗鱼 TV 完成 D 轮融资，成为第一家进入盈利状态的直播平台。

斗鱼 TV 的成长非常迅速，从图 4-2 可见，斗鱼 TV 的活跃渗透率为 14.9%，排行第二。斗鱼 TV 是一家弹幕式直播分享网站，是国内直播分享网站中的一员。不过，只有短短两年时间，斗鱼 TV 便跃居为国内网络直播平台第二位。

3. 美拍

美拍于 2014 年 4 月 27 日发布，是美图秀秀的最火的短视频社区。2015 年 1 月，美拍用户总数已突破 1 亿。在短短 9 个月时间内，美拍吸引了庞大的用户群。因此，它成为全球发展最快的短视频社区。截至 2017 年 6 月 30 日，美拍月活跃用户数达到 1.52 亿。

美拍初期依靠丰富有趣的功能吸引用户，比如，拥有全球首创 MV 特效，普通视频一秒变身唯美韩剧、清新 MV、怀旧电影……另外，美拍还利用明星入驻、专业 PGC 团队和海量 UGC 的内容等鲜明主题吸引用户，而且还汇聚了各类垂直兴趣细分领域的用户。

从以上 3 个典型的娱乐类直播平台分析来看，娱乐类直播平台的用户特征：一是，在书法、电影、音乐、舞蹈、美妆等各垂直兴趣领域的粉丝；二是，消费水平处于中上游。那么，娱乐类直播是如何吸粉的呢？其主要的吸粉方式如图 4-3 所示。

图 4-3　娱乐类直播的吸粉方式

知道了娱乐类直播的用户特征以及吸粉方式之后，下面简单介绍一些娱乐类直播通常的盈利方式。由于人们长期有音乐、才艺、知识等方面的需求，不少观众长期在自己心仪的主播房间，甚至为了主播的才艺不惜一掷千金，正是由于众多用户的关注，引发了其他的盈利方式。概括来说，娱乐类直播的盈利方式如图 4-4 所示。

目前，各行业的直播平台大战已经开启，然而 95%的直播应用因为流量少、资金缺、内容乏等原因还没有面世，就已经“胎死腹中”。不过，在常见的几种直播平台类型中，娱乐类直播更有优势，其优势主要体现在以下四个方面。

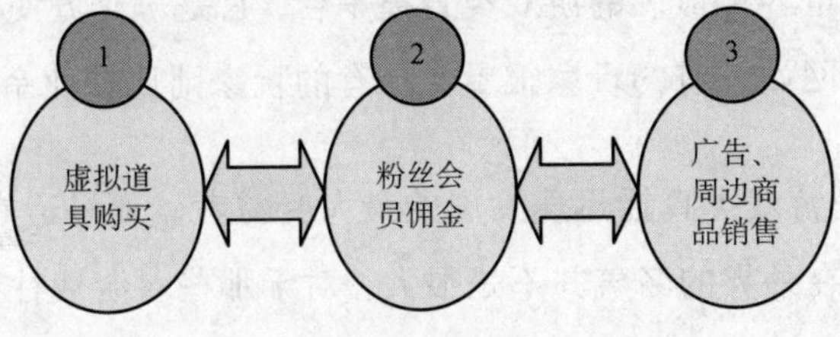

图 4-4 娱乐类直播的盈利方式

(1) 娱乐类直播拥有社交张力，用户之间的人际交往更深入，用户与平台间可以保持高黏性和长久的活力。

(2) 娱乐类直播与明星和 IP 的兼容性最高，借全国人民都关注的点拓展粉丝会更轻松、更适宜。

(3) 与其他专属领域的直播相比，娱乐类直播的用户覆盖面更广、粉丝基数更大。

(4) 娱乐类直播平台的内容更具有扩展性。在未来，娱乐类直播的内容会更加细分、形式更加多样，专业领域人士入驻以 PGC 内容带动更多 UGC 产生，使内容更具延展性。

此外，随着人们生活水平的提高，更注重精神生活，而娱乐是提升人类精神生活的重要途径。人们通过娱乐类直播平台，可以实现“全民互动”，从这点来看，娱乐类直播的市场前景是非常广阔的。

4.1.2 游戏类

游戏行业一直是巨头们青睐的对象，特别是电竞在全球的发展带来大量的资本涌入。最典型的例子是，2014 年 8 月，亚马逊以 9.7 亿美元收购游戏视频直播服务提供商 Twitch，这次收购是亚马逊最大的收购案。Twitch

现在已经成为世界上最大的游戏类直播平台，它是一个方便人们观看他人玩游戏的视频网站，有的玩家很专业，有的玩家则比较业余。

Twitch 是游戏类直播迅速发展的最大受益者。亚马逊在收购 Twitch 之前，该网站在外界的名气并不是很大，对于那些对游戏社区不感兴趣的人，恐怕根本就没有听说过 Twitch 这个名字。那么为什么亚马逊要用近 10 亿美元收购 Twitch 呢？

首先，要想理解亚马逊为什么愿意耗巨资收购 Twitch 这样一家不被外界所熟悉的网站，就必须接受一个事实：游戏具有观赏性，越来越多的人愿意看别人玩游戏。可能很多不玩游戏的人对这一说法感到很困惑，但事实的确如此。

其次，要从 Twitch 每天巨大的流量来说。Twitch 每天的流量到底有多大呢？下面通过一些数据举证。

一是主播数量。截至 2017 年 1 月，在 Twitch 平台进行游戏类直播的主播数量已经达到 220 万人，直播游戏观看时间达到了惊人的 48.7 亿小时。不过，这 220 万个游戏主播当中，只有小部分是 Twitch 合作项目的成员。

二是在线观看人数。2017 年第三季度 Twitch 的同时在线观看人数最高达到 736700 人，数量是第二名的 2.5 倍，而且观看直播的用户比以往有更高的参与度。

三是观看时间。平均来算，Twitch 的观看者平均每天投入 3 小时以上。

亚马逊之所以斥巨资收购 Twitch，是因为看到了 Twitch 的巨大潜力，以及游戏类直播未来的发展前景。在我国，随着直播行业的兴起，催生了一大批游戏类直播网站。目前，国内的游戏类直播主要以游戏及电子竞技比赛为主，主播需要实时地展示且解说自己或他人的游戏/比赛过程。国内现在的游戏类直播用户主要集中在斗鱼 TV、虎牙直播、战旗 TV、龙珠直播、火猫 TV、熊猫直播平台，如图 4-5 所示。

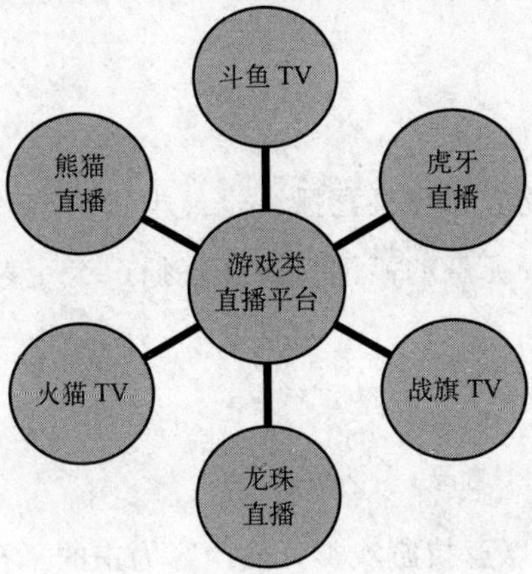

图 4-5 游戏类主要直播平台

1. 斗鱼 TV

在 3.1.3 节中已经介绍了斗鱼 TV 的盈利模式，斗鱼 TV 主要以游戏类直播为主。在游戏类直播方面，国内游戏类直播紧跟国外游戏类直播的脚步，发展也很快。如今，在国内的直播网站中，斗鱼 TV 的知名度最高，除了斗鱼 TV，类似虎牙直播等游戏类直播平台也深受用户的喜爱。当然，每个直播平台在定位和特色方面都有各自的特点。例如，斗鱼 TV 以电子竞技为主，虎牙直播则擅长发掘 PC 单机和 TV 游戏的直播空间。

2. 虎牙直播

虎牙直播是中国领先的互动直播平台，可提供 200 万人同时在线观看高清、流畅的赛事直播，游戏类直播和视频直播，其中包含 LOL、DOTA 2、DNF 等热门游戏类直播以及单机游戏。

3．战旗 TV

战旗 TV 提供高清、流畅的视频直播和电子竞技游戏类直播，其中包括三国杀直播、炉石传说直播、DOTA 2 直播等各类热门游戏赛事。

4．龙珠直播

龙珠直播提供最全的赛事直播，是最丰富的游戏视频互动平台，提供德玛西亚杯等顶级赛事的高清、流畅直播，为玩家个人直播提供全面支持。

5．火猫 TV

火猫 TV 是一家以竞技游戏类直播内容为主的平台，直播内容涵盖电子竞技赛事、明星解说、游戏综艺、玩家自媒体，开发之初即获得专业机构的千万美元投资。

6．熊猫直播

熊猫直播提供高清、流畅的视频、活动、赛事直播服务，不仅包含炉石传说直播、DOTA 2 直播等游戏类直播，更有大型活动直播、演唱会直播等。

从上面各直播平台所涉及的直播内容来看，国内游戏市场基本上被 LOL、DOTA 2、炉石传说等游戏垄断，游戏版权基本是各家平分天下。那么现在各大游戏类直播平台竞争的关键是什么呢？纵观现阶段各大游戏类直播平台，无论是斗鱼 TV、战旗 TV、龙珠直播还是熊猫直播，它们竞争的都是主播资源。不管这些主播是专业级的还是花瓶级的，只要受众喜欢，他们都是游戏类直播平台争夺的对象，因为他们能为直播平台导入大量的流量和用户，特别是名主播和技术流“大神”通常能达到数十万甚至上百万个粉丝。

目前，互联网巨头不断加快国内电竞游戏类直播的布局，腾讯不只注资支持自家龙珠直播，还参加斗鱼 TV 的 B 轮融资；阿里体育斥资 1 亿元举办电竞比赛。可见，电竞游戏类直播是巨头们争夺的焦点。

从现在游戏类直播平台的用户来看，其用户以“80 后”“90 后”的男性为主，消费处于中下游水平。现在游戏类直播平台的盈利方式以增值服务（虚拟道具购买）为主，此外还有游戏、联运、广告、订阅、电商和体育竞赛等。另外，游戏类直播平台也通过招徕电竞游戏主播、购买游戏类直播版权以吸引更多的用户。

游戏类直播平台为了讨好用户，除了要为玩家提供先进的硬件外，还要为玩家提供好的体验。在各大平台之间互通的时代，未来游戏类直播平台的发展潜力可能会在主机或者 PC 上面，让玩家边玩游戏边一键开启直播按钮，在直播的同时点选同步录制选项，在游戏结束之后点选一键分享，就能把自己直播的游戏视频分享到各大社交平台，这样从直播到录播，通过几个按钮就能轻松简单地完成，这样无疑将大大提高玩家直播的效率以及分享的热情。玩家边玩边看的体验可以不用借助其他工具，直接选择几个选项即能轻松搞定。

以上这些都是游戏类直播平台未来努力的方向，谁能提前突破这一瓶颈，谁就能在游戏类直播行业中占领一席之地。

4.1.3 体育类

2017 年，体育类网络直播在体育明星中也“炸”开了。花椒直播与某乒乓球奥运冠军达成合作，让其在 2017 年 2 月 14 日情人节当天进行直播。

这虽然不是该运动员的直播首秀，但累计观看次数也达到了530万。在直播中，该运动员向粉丝送上情人节祝福，还大展才艺，直播手绘了一朵玫瑰花，营造了一个热烈的直播氛围。该运动员在直播开始时是以躺着的姿势与粉丝交流的，随后才向粉丝坦言，自己是在训练后治疗脚伤的过程中进行直播的，让粉丝们大呼“心疼”。该运动员在直播中自曝“我情人节只有两件事，乒乓球和直播陪你们”，把粉丝们哄得心花怒放。

虽然该运动员的直播内容与部分草根主播的真人秀很类似，但相比于后者来说，本来知名度就很高的该运动员显然更容易聚拢人气。当然，除了该运动员外，不少体育明星也开启了体育类直播模式，他们纷纷投身乐视旗下主打体育网络直播的平台——章鱼TV。

除了体育明星加入体育直播行列外，具有粉丝号召力的知名体育主持人也纷纷投入体育直播平台。比如，极具粉丝号召力的原CCTV 5《电子竞技世界》主持人，带领了五位外貌与才华加持的美女主播在熊猫直播推首档欧洲杯户外真人秀。在他们直播期间，该直播平台显示全时长平均在线人数超过10万，最高在线人数高达50万。

可见，体育明星直播时代已经来临。除了体育明星直播外，体育赛事作为娱乐活动的主要内容之一，受到大众的欢迎和认可。因此，随着体育赛事受到的关注程度逐渐提高，除以电视作为传统的主流传播媒介外，也增加了体育赛事的直播节目，这为人们接触体育带来了方便，同时也促进了体育赛事直播的发展。

2017年体育类直播互动平台排行榜如表4-1所示。

懂球帝、章鱼TV和企鹅直播这三个直播平台是最受体育类直播用户欢迎的，其PGC和UGC内容平台均获认可。这三个直播平台起步都比较晚，移动用户多数来源于本身积累的大量体育爱好者，但功能和内容方面的布局均比较成熟，其主要功能和内容布局如图 4-6 所示。

表 4-1 2017 年体育类直播互动平台排行榜

名次	直播平台	类型
第一名	懂球帝	网络直播/社区互动/话题圈子
第二名	章鱼 TV	赛事资讯/直播互动/PUGC
第三名	企鹅直播	直播互动/PUGC/赛事资讯/竞猜互动

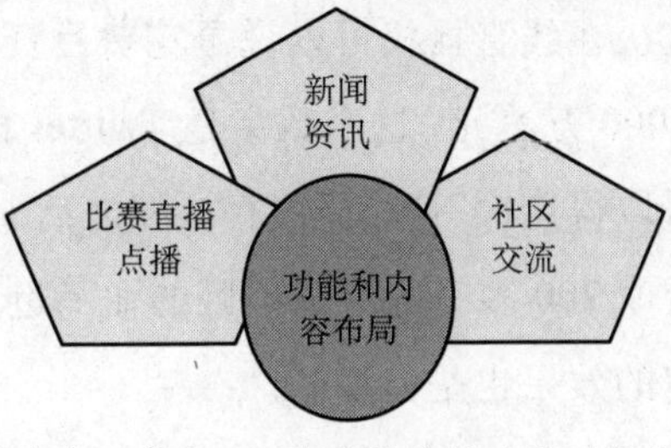

图 4-6 懂球帝、章鱼 TV 和企鹅直播主要功能和内容布局

章鱼 TV 是国内最大的 UGC 体育类直播平台，为观众提供覆盖面最广的比赛和多样化的直播体验。另外，章鱼 TV 在内容方面做了创新，比如，在体育类赛事直播中，让一些有个性的主播参与其中，直播足球、篮球、台球、羽毛球、花样滑冰、短道速滑、摔跤、赛车、健美等体育赛事，这让原本单调的体育赛事内容融入娱乐元素，使这类内容的受众群体更广泛。

如今，体育类直播市场变化较多，主要呈现的特点如图 4-7 所示。

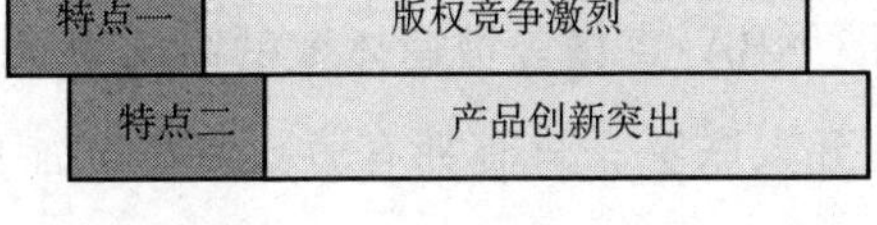

图 4-7 体育类直播的特点

1. 版权竞争激烈

体育赛事的版权问题一直是直播行业比较关注的，特别是专注于做体育赛事类直播的平台，更是不容忽视。从 2015 年开始，各巨头们就开始在体育版权上展开激烈的争夺。亚马逊、Twitter、Facebook 以及 YouTube 均为 2017 年体育直播版权的竞标使出浑身解数。最终，NFL（National Football Conference，美国国家橄榄球联盟）在 2017 年 4 月 5 日由其官方宣布，亚马逊获得了 2017 赛季 10 场周四赛事的在线直播权。根据第三方报道，亚马逊取得这次在线直播权可以说是花费巨资，它为 10 场比赛支付的版权费用高达 5000 万美元，这个数字是 Twitter 拟支付的 5 倍。当然，亚马逊历经千难万苦取得这次 NFL 赛事直播权之后，自然也会好好利用。之后，亚马逊面向全球 200 多个国家和地区的亚马逊 Prime 会员开放这次直播内容，最后取得的效果也是很好的。

高额版权费用一直是职业体育的一个重要收入来源，而伴随着直播巨头的入局，全球体育赛事开始转为直播模式。同样是在 2017 年，直播平台 Twitter 已与 MLB（Major League Baseball，美国职业棒球大联盟）达成合作，给直播用户提供赛事在线直播服务。2017 年 9 月，Facebook 曾拟定出价 6 亿美元竞标印度板球超级联赛 5 年赛事的转播权，但是最后被 Star India 出价 26 亿美元拿下。同时，亚马逊与 Facebook 都参与了 2018 年英超直播权的竞标。

对体育直播企业来说，用户是内容导向型的，只有拥有优质的赛事版权，才能有流量增长的潜力。例如，极速体育吧是一个专业的直播吧网站，主要提供足球直播、NBA 直播等极速体育的高清直播，以最快、最高清的信号让用户畅享五大联赛。只有拥有版权，它才能成为最好的体育直播吧。

2. 产品创新突出

章鱼 TV 在体育赛事内容上做了很多创新，具体来说，其创新主要表现为将体育赛事和主播结合，依靠弹幕和互动模式吸引用户参与，针对个人喜好推出个性化内容等，从而吸引很多用户的加入。因此，现在的体育直播平台要想快速发展，就要为用户提供覆盖面最广的比赛和多样化的直播体验，这样才能有效推动用户规模快速增长。

赛事内容必将成为未来体育直播市场的发展趋势。因此，体育直播平台要注意以下两个方面的问题。

一是，随着赛事版权资源争夺战不断升温，PUGC 的优质内容将被广泛传播。现在很多体育直播平台围绕优质 IP 自制赛事节目成为趋势。

二是，体育直播平台在内容表现和与用户互动上不断创新，以社区和主播为依托的 UGC 将快速拓展。

体育直播用户的分布情况与游戏类的分布情况很相似，都以男性用户为主，其占比都接近 70%。具体来说，体育直播用户性别分布：男性用户占 67.1%，女性用户占 32.9%。在不同类型视频直播用户中，一线城市用户更偏好体育直播，其一线城市用户占比比其他直播平台都高。

随着互联网技术的飞速进步，带宽问题已经被解决，今后会有越来越多提升直播质量的技术出现。比如，体育赛事已经实现跨多屏直播，直播画质上实现了质的飞跃，此外，像 AR、VR 等技术也会进入直播平台，给观众以全新的视觉体验。对此，乐视体育首席内容官刘建宏表示：“体育场馆和公共服务建设应尽快满足发展需求；VR、AR 等新型技术手段将是未来体育直播的方向。”

4.1.4 明星真人秀类

明星真人秀类直播大多数出于宣传的目的，一般是为个人的新作或代言品牌造势。比如，在前面提到的某男星在电影的拍摄现场玩直播，其主要目的就是宣传自己的新片。一般情况下，明星做直播都会按照预定时间点，在品牌或个人的直播间与粉丝聊天互动。明星自带庞大粉丝群的优势，让那些拼颜值、拼才能的网络达人以及拼技术、拼口才的电竞主播不能相比。明星，特别是当红明星，每次直播都有可能聚集百万甚至千万级别的直播观众，这对平台的迅速发展是非常有利的。另外，由于明星自带光环，会给直播平台带来更多商业合作机会。所以，明星真人秀类直播内容逐渐成为很多直播平台渴望引入的内容。

例如，2017 年 9 月 29 日，湖南卫视某著名主持人携花椒直播重回某真人秀取景地三江镇，开展了一场关爱留守儿童的活动。在这次活动期间，该主持人对孩子们嘘寒问暖，和 10 位孩子一起过生日，还鼓励他们努力学习，最后扛着大米和食用油到孩子们的家里，获得了观众的一致好评。

关于明星真人秀类的直播，花椒直播大胆玩 VR 技术。当花椒直播的 VR 专区正式上线后，其成为全球首家 VR 直播平台。随后，某明星主持人入驻花椒直播，尝试花椒直播的 VR 直播。在直播期间，花椒直播借助 VR 技术，让该主持人与花椒直播员工大玩寻“男神”游戏。在直播中，该主持人为了见到神秘“男神”，不但变身按摩师为辛苦工作的花椒直播程序员按摩，还和线上 400 多万个粉丝共做数学题，甚至还给花椒直播男程序员现场喂饭，直播现场笑料频出，看点十足。

这次直播开始仅 30 分钟，粉丝关注人数就已经高达 400 万，在两个小时的直播中，共有 600 万人同时在线互动，各种礼物刷屏不断。花椒直播首次玩明星 VR 直播真人秀就收获如此好的效果，VR 技术支持功不可没。

在与明星合作中，明星真人秀类直播平台美拍的表现非常抢眼。例如，在第 69 届戛纳电影节开幕前，欧莱雅的美拍号记录了很多大牌明星的戛纳之行。

欧莱雅的美拍号先对某歌手下飞机过程以及专访进行直播。在对该明星的最后一场专访中，美拍创造了自己的点赞记录——3100 万次，这也为该歌手此次线上亮相戛纳直播画上圆满的句号。

当然，欧莱雅通过美拍直播的收获也是巨大的。当某女演员从自己的化妆包拿出欧莱雅产品并推荐时，当某女歌手在一堆口红中找到戛纳电影节上使用的巴黎欧莱雅独家唇膏 701 冰晶粉时，当某男星用欧莱雅的发泥捏出“睡衣头”时，欧莱雅各旗舰店被粉丝买空。可见，欧莱雅如此大手笔推出明星资源的直播已经赢了。

其实，某女星在巴黎时装周，又或者是某男星为“伊周”拍摄时装大片时，美拍就开始关注明星类直播。现在美拍直播已经变为很多明星商业活动直播首选的平台。

明星真人秀类直播平台上的用户以“90 后”“00 后”为主，消费水平处于中下游。这类直播平台的盈利方式以增值服务（虚拟道具购买）为主，其余方式还有广告、商业推广、电商等。目前，明星真人秀类直播平台如图 4-8 所示。

明星真人秀类直播平台的吸粉方式主要靠明星入驻，但这样的方式有一定的缺点，那些自带庞大粉丝群的大牌明星，每天都要赶很多通告，不可能像游戏主播、网络达人主播一样长期驻扎在某一个平台上、定时定点地进行直播。正是由于明星的这种不定时性，使得他们每次直播虽然能吸引强大的关注度，但是如果某直播平台仅依靠明星类直播内容，是无法保证用户的留存率的，所以，明星真人秀类的直播内容只能作为对直播平台的辅助，而不能当作主力。

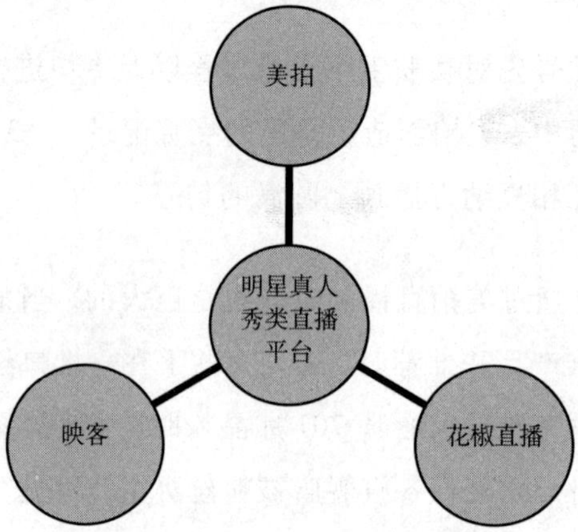

图 4-8　明星真人秀类直播平台

4.1.5 购物类

通过网络达人在社交平台上销售商品已经不算稀奇的了，早在 2014 年，微信、微博、美拍、小咖秀这些移动社交平台已聚集了海量有商品销售渠道的网络达人。到 2015 年下半年，映客、花椒直播等直播平台也陆陆续续成为网络达人们销售商品的主战场。2017 年，网络达人与直播平台的关系越来越紧密。

购物类直播主要通过各路网络达人在“电商+直播”平台上和粉丝进行互动社交，达到出售商品的目的。其实，购物类直播的原型是电视购物频道，电视购物频道营销是通过“模特展示+主持人介绍叫卖”完成的，现在这样的电视购物频道已经越来越少，转而变成网络达人主播兼具展示和销售功能的购物类直播。主要购物类直播平台如图 4-9 所示。

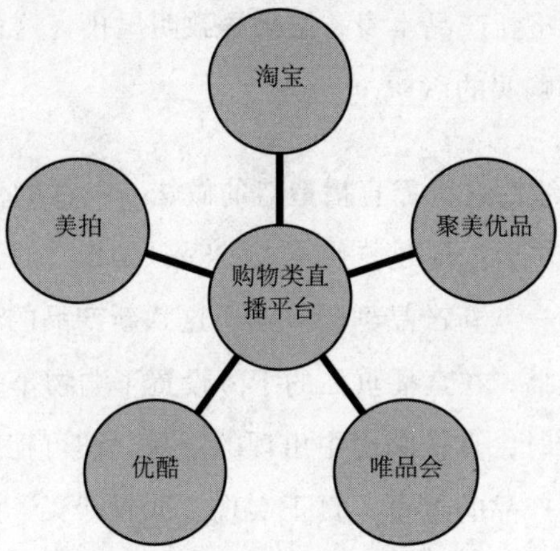

图 4-9 主要购物类直播平台

商品销售是购物类直播最直接的转化方式。像淘宝、聚美优品及唯品会这些电商平台上线直播功能都只能算是“后来者”，但其所聚集的人气能量却是巨大的。

某女星曾在赶赴一场代言活动的路程中，被堵在了上海南浦大桥上。在焦急等待的过程中，一位随行的美宝莲纽约员工全程举着手机直播了该女星的赶场细节。整个直播的过程和画面跟网络达人直播的形式大同小异，只是他们把直播的主平台放在淘宝手机客户端的微淘页面。

直播视频放出后不久，直播主持人就揭晓了该女星将担任美宝莲纽约品牌代言人，不断向观众传达该女星在发布会现场的实时状态。通过用直播为营销活动辅助造势在现在已经算不上稀奇的事了，但美宝莲纽约这次不仅通过直播造势，而且还直接在宣布新代言人的直播页面上卖起了新品口红。如今，直播营销已经成为一种新的推广模式。

在做品牌营销时，都会优先考虑明星代言的活动，而不强调明星将代言哪个新产品，所以很多消费者通常会把更多的目光放在哪个明星代言了哪个品牌上，而忽略新产品本身，结果导致明星代言这种推广方式无法激起消费者立刻下单购买的欲望。

不过，美宝莲纽约这次靠直播造势的做法与以往的营销活动有很大的不同，他们在淘宝平台上通过“代言人+产品+销售”的直播模式，尽可能缩短消费者从了解一款新产品到最终购买这款新产品的环节。美宝莲纽约在淘宝平台上做直播，在直播页面的下方设置了购物车的小标志，这样观众在观看直播的同时，点击画面中出现的产品，即可把产品放入购物车，从而缩短用户购买产品的过程，真正实现“即看即买”的购物体验。

在接受《第一财经周刊》采访时，美宝莲纽约电商经理滕霏说：“天猫更品牌化的定位和手机淘宝的 4 亿活跃用户量，都能帮助我们在短时间内扩大这次品牌活动的影响范围。”可见，美宝莲纽约利用直播做宣传的目的很明确，即让明星代言活动在已经付出一定成本的基础上，要让明星代言产生最大的效益，而且这种效益更直接。

在这次直播的两个小时内，超过 500 万人观看了直播视频，本次推出的新产品“唇露”最终卖出 1 万支，转化实际销售额达到 142 万元人民币。靠两个小时直播卖出 1 万支口红，总结美宝莲纽约这次直播销售的经验：在直播中，美宝莲纽约通过该女星试涂唇露和网络达人的直播解说，加上在天猫首屏、微淘页面、微淘账号等大量的显眼位置推广。通过直播的方式，仅线上就卖出了 1 万支口红新产品，这样的成交量超过了天猫店铺一个月的销量。

美宝莲纽约在淘宝上玩直播给购物类直播平台和商家提出了一个销售商品的新思路。对品牌来说，线上销售获取反馈的速度要比线下快得多。在这次直播之后，美宝莲纽约除了获得关注度和话题性外，还直接获取了从流量到销量的转化数据和用户的偏好，这无疑是一次非常成功地尝试。

目前，在视频上玩直播购物已经实现。例如，在优酷平台上，当用户打开一段直播后，里面出现的商品上面会有购物入口，用户可以在看直播的同时进行购物，从而使直播平台完成线上变现。有人曾做了一些数据统计和分析，他发现，用户在观看直播时，主播可以跟自己的粉丝直接互动，这个时候引发购物的可能性是最高的。

了解购物类直播平台的一些内容后，再看一下购物类直播平台的用户，其用户以女性居多，多以大学生、白领为主，消费水平处于中上游。这类直播平台的盈利方式以商品销售为主，增值服务（虚拟道具购买）为辅；吸粉方式主要是网络达人入驻和明星入驻。

现在很多购物类直播平台都在尝试很多新玩法。虽然有些新玩法的确可以迅速制造话题，促成一个很好的传播和销售结果。但这个好结果可能在很大程度上也只是因为新鲜，而不是真正喜欢。特别是当直播导购随处可见的时候，用户也许很快又见怪不怪了。因此，无论任何直播平台，想要将用户转变为粉丝，还是要靠主播和内容。

4.1.6 专业领域类

专业领域类直播平台针对的用户人群与其他直播平台有很大不同，它们针对的是有信息知识获取需求的用户，其直播内容主要包括股市分析、商业活动等。这类直播可以将人们的注意力从原本枯燥的文字转移为人和口语表述上，通过演讲、辩论等表现力十足的方式呈现在大众面前，因此，这类直播平台非常具有发展潜力。当然，专业领域类直播平台的专业门槛较高，因此对主播的要求很高，也更加关注主播的解说和内容。

2017 年 9 月 23 日，2017 中国 PPP 投资论坛在北京正式举行。本次论坛由盟主直播平台全程直播。在直播过程中，国务院国有资产监督管理委员会机械工业经济管理研究院院长徐东华表示，近两年有大量的政府和社会资本合作（Public-Private Partnership，PPP）项目落地，很多问题逐渐显现。著名经济学家厉以宁提出了关于 PPP 的几个问题，并根据这些问题提出解决方向。很多观众在线收看这场直播并与其进行了交流互动。在专业领域类直播中，财经类话题的直播是极具价值的。因为除了娱乐话题外，财经话题也拥有相当高的热搜度。大智慧是国内最具影响力的证券投资服务品牌，一直以来，它作为广大网民的炒股助手，深得广大网民的喜爱。如今，面对直播的热潮，大智慧也开始转战直播领域，它利用自身在财经领域的资源和优势做直播。于是，一款知识型、服务型、社交型的综合直播平台视吧 App 横空出世了。

视吧 App 是一个“直播+财经”平台，它致力于让一些财经人物及财经网络达人通过直播发表专业观点，为用户提供投资、理财信息等服务。虽然关于财经话题的直播早就出现了，但大智慧视吧则是第一个创建出来的移动财经直播平台。

从用户聚集力来看，财经直播与娱乐直播相比，还是有一定差距的，但从长远价值来看，财经直播的价值要远远超过娱乐直播，这主要体现在用户属性上。财经直播的用户都有明确的目的性，有的是为了了解财经市场情况而看直播，有的是为了了解资深市场人士的想法而看直播。而娱乐直播的用户目的较为散乱，有的是因为娱乐而看直播，有的是因为无聊而看直播，而且这些用户很容易改变口味。

从以往的财经资讯来看，它们几乎都通过文字和 PC 视频的方式展示。如今，移动直播打破了场地和时间的限制，实时性较强，方便快捷。目前，很多人都对股市等各种财经方面的知识很欠缺，如果在股市盘中由财经评论员进行一场 10 分钟直播，肯定能解决很多人的需求。也正因为如此，视吧看到了这里面隐藏的强大价值空间，选择投入重金做这件事，将财经直播平台发展起来。

“7.7 红包节”是视吧 App 上线后的第一个大事件，当天邀请了罗杰斯、李大霄、胡润、黄达、连宝恵、叶檀等国内外知名财经大咖出席，与网友面对面交流。为了活跃直播气氛，还请来一些明星助阵。此外，还为主播人气王设立了总数为 500 万元的奖金，第一名可获 100 万元，第二名可获 80 万元，第三名可获 60 万元，人气排名前 500 位的主播均有奖励。可见，视吧对此次活动的投入力度很大。

下面介绍视吧的推广方式。因为视吧需要有一定财经资讯和投资理财需求的用户，因此他们把广告投放地定在了分众传媒的楼宇电梯广告，这里面覆盖了城市的主流人群，而且这部分人群还是消费市场主力，同时也是投资理财市场主力。视吧将广告投放在他们每天的必经之地，起到一种强制性的高频触达作用，这样的传播效果很出众，在短时间内就发挥出了强大的品牌引爆能力。视吧要做财经直播，在分众传媒进行广告投放是非常明智的选择。

虽然现在直播平台向垂直化领域发展，但现在以专业垂直领域为直播对象的线上平台并不多。目前，专业领域类直播平台如图 4-10 所示。

其中，微吼直播专注商业活动，疯牛直播专注财经分析，YY LIVE 旗下的知牛直播专注财经直播，美拍直播的覆盖面比较全面，各类专业领域的直播都有所涉及。

接着再对专业领域类直播平台做总体分析，其用户是各垂直领域爱好者和专业人士，他们的年龄偏高，消费水平处于中上游；这种平台的盈利方式为付费收看，服务收费，媒体、企业、商业推广等；这类直播平台的吸粉方式主要是引进专业领域内的领袖入驻，为用户提供专业信息知识和技术服务。

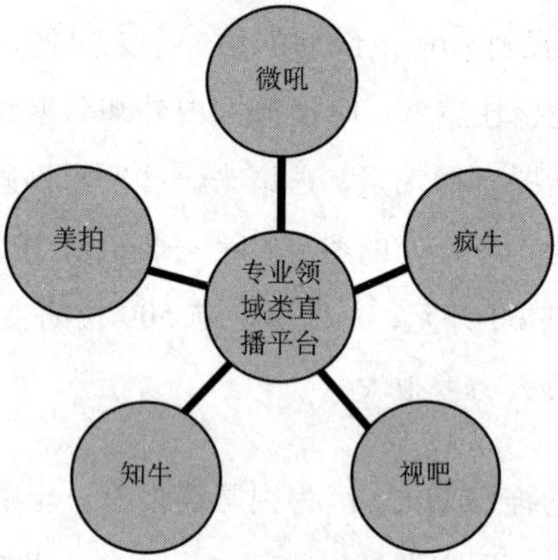

图 4-10　专业领域类直播平台

4.2　搭建网络视频直播系统

做网络直播平台运营的前提是，要搭建一个网络视频直播系统(BroadVison WebTV)，此系统一定要能支持高质量的视频节目，支持大规模并发流的网络视音频直播应用及用户认证与计费管理，具有良好的安全性、稳定性、扩展性、可移植性、易用性等。在搭建直播系统时，一定要保证直播系统的清晰度、拥有美颜、混音等常用的附加功能，最重要的是该系统要在功能上有所创新，从而打造出一个全新模式的视频直播平台。

4.2.1　如何寻找一家有实力的做网站架构的软件公司

如果你在某视频直播平台观看直播时，发现直播画面的清晰度不够，或者总是卡顿，此时你会有什么样的想法？或者你在用某视频直播平台录一段自己做饭的直播时，录制完成后你发现直播中的自己真是太丑了，此时你心中又有什么样的想法？

几乎所有人都会对这样的直播平台反感吧。那么为什么有些直播平台的直播画面清晰、播放顺畅，而有些直播平台的直播画面模糊，还总是卡顿呢？这都与直播平台所搭建的视频直播系统有关，只有利用先进技术开发的直播系统能支持高质量的视频节目，还能保证视频直播的易用性、稳定性、安全性等。

网络视频直播系统主要由采集压缩系统、直播录播管理、服务器管理系统、系统管理模块、用户认证管理系统以及内容管理系统等组成。要搭建一个完整的、适合直播类型的视频直播系统，直播运营公司首先应寻找一家有实力做网站架构的软件公司。什么是网站架构呢？

网站架构是在了解客户需求的前提下进行的，根据分析结果准确定位网站的目标群体，设定网站的整体架构，规划、设计网站栏目及其内容，还要制订出网站的开发流程及顺序，从而最大限度地进行高效资源分配与管理的设计。网站架构的内容表现如图 4-11 所示。

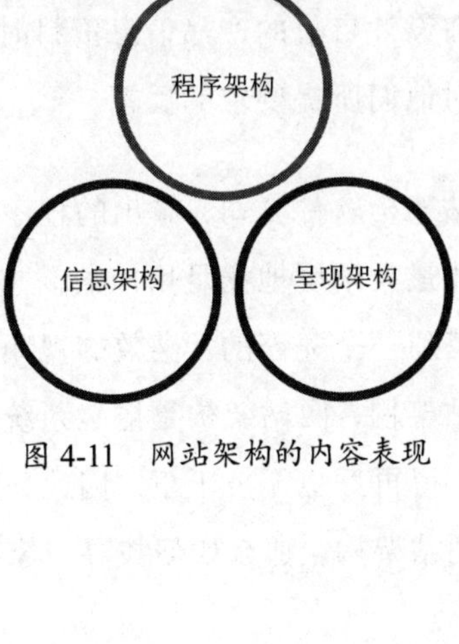

图 4-11　网站架构的内容表现

1. 程序架构

程序架构可以理解为系统的最原始骨架，它是一个系统的草图，根据一系列相关的抽象模式，用于指导大型软件系统各个方面的设计。程序架构设计要实现可靠性、安全性、可伸缩性、可定制化、可扩展性、可维护性，同时抓住市场时机，提升用户体验等目标。

2. 呈现架构

简单来说，呈现架构就是通过设计让网站页面以一种满足用户需求的方式呈现出来。呈现的方式在于设计者要表达的东西并达到准确性、方便性、互动性、简洁性等几个标准，无论内容是什么，采取什么样的程序架构、什么样的数据结构，都需要按前面的标准作为项目的设计方向。总之，呈现的方式无论是复杂的、DIY 个性化的，还是其他方式，都要以给使用者良好的用户体验为前提。

3. 信息架构

在技术性文件中，信息架构（Information Architecture）是指对某一特定内容的信息统筹、规划、设计、安排等一系列有机处理的想法。例如，某直播平台运营公司在设计自己的产品信息资料时，其所有产品信息都是基于客户的需求，是对他们所提要求的反馈。

一家有实力的网站架构软件公司，做出的程序架构、呈现架构和信息架构会很简单实用，能最大限度地满足用户的需求。要运营好直播平台，必不可少的工作就是搭建一个完整的、高效的视频直播系统，而搭建良好的直播系统离不开网站架构，网站架构是搭建系统的基础工作，基础工作做不好，之后的工作做得再好也无济于事。因此，要搭建良好的网络视频直播系统，就要做好网站架构，那么如何找寻一家有实力的做网站架构的软件公司呢？

目前，我国著名的软件公司如表 4-2 所示。

表 4-2 国内著名软件公司

序号	公司名称
1	华为技术有限公司
2	中兴通讯股份有限公司
3.	海信集团有限公司
4	UT 斯达康通讯有限公司
5	海尔集团公司
6	神州数码（中国）有限公司
7	浙江浙大网新科技股份有限公司
8	熊猫电子集团有限公司
9	浪潮集团有限公司
10	东软集团有限公司

世界著名的软件公司如表 4-3 所示。

表 4-3 世界著名的软件公司

序号	公司名称
1	Microsoft Corp（微软）
2	IBM Corp（国际商用机器）
3.	Oracle Corp（甲骨文）
4	Computer Associates International Inc
5	Hitachi Ltd.（日立）
6	SAP AG
7	Hewlett-Packard Company（惠普）
8	Sun Microsystems Inc.（太阳微系统）
9	Compaq Computer Corp（康柏）
10	PeopleSoft Inc

对一些有实力的公司来说，要搭建一个网络直播平台最好找一些有实力的软件公司，比如，国外的微软、IBM、甲骨文等软件公司。如果公司受资金、资源等限制，这时要找软件公司做网站架构时，就要看对方有没有资质、有没有能力。如何看这个公司的实力呢？其常用方法如图 4-12 所示。

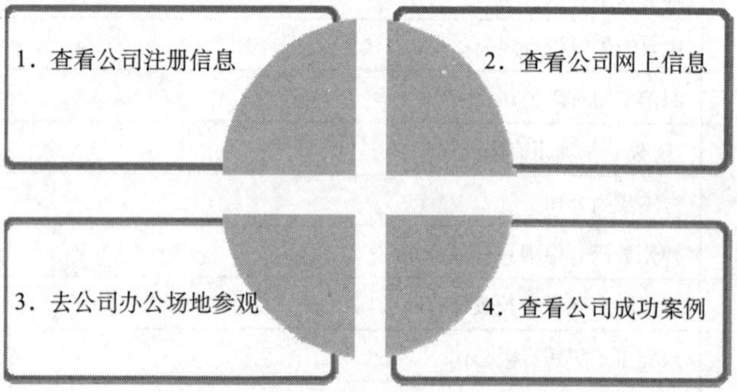

图 4-12　查看软件公司实力的方法

1）查看公司注册信息

去工商局网站查看公司的注册信息能从一些方面看到公司的实力，比如，公司注册资金、经营范围、注册时间等。当然，查看资质只是公司实力的表面现象，最重要的还是看公司的技术水平、推广方式、售后服务水平等，这些都是公司实力的最好表现。

2）查看公司网上信息

查看该公司是否有专门的网站，要在搜索网站中搜索公司的名字，查看有关公司的信息和新闻是否可以立刻搜索出来。如果公司在网上的信息寥寥无几，那么大致可以判断出这个公司在网络方面并不是特别好，实力不会太强。

3）去公司办公场地参观

去公司办公场地参观也是了解公司实力的方法之一，参观公司办公场地时要注意观察公司的办公布局、办公环境以及周围设施。因为一家办公环境好的公司，实力是不会差的。根据公司所在办公室位置及办公面积，可以大致判断出公司的实力，如果公司的办公地理位置和环境都比较好，则该公司在业务方面还是比较不错的，反之则是小公司，当然这并不是绝对的。

4）查看公司成功案例

一家有实力的软件公司，肯定做过很多成功网站、App 等，这时可以让公司提供几个有类似功能的成功案例，从他们之前做的网站、App 等产品中，可以很直观地看出里面的一些功能，然后再判断这些功能是否能达到运营方的要求。另外，还要看该公司所开发的软件有没有一些新奇的功能，这对直播平台以后的发展是很重要的。

软件公司的实力越强，他们做出的网络视频直播系统才能越满足用户的需求，这是直播平台公司绝不能忽略的，千万不能为了省一点钱，而找一些实力不够强的软件公司开发自己的直播系统，这样做不仅效率不高，而且后期的开发维护将成为一个难题。

4.2.2 直播系统容易出问题的关键点

优质的视频直播系统可以帮助运营方搭建自己的直播平台，从而享受亿万级直播粉丝经济的红利。优质的直播系统要有能够吸引用户使用的功能，例如，某美女秀场类直播系统是一款手机美女真人视频直播软件，该软件的功能模块包括“真实美女直播”“同城约会交友”“秀空间随时看”

“公聊私聊模式”“VIP 麦”“私聊背景”“刷礼效果优化”“进房充值提示”等，用户可以和美女主播实时互动，玩游戏、唱歌、做游戏等。

优质的直播系统除了有能吸引用户的功能外，各种直播功能的性能也是必须考虑的。例如，天瑞地安科技集团红鸟网络视频直播 App 系统是目前国内最先进、最完善的视频直播平台标准化产品，天瑞地安科技集团红鸟网络直播 App 系统为用户提供多种直播方案，WEB 系统基于 ThinkPHP 程序框架开发，非常方便用户进行二次开发，并采用 node.JS 作为聊天系统。程序支持手机观看和手机摄像头直播，是目前受到用户热捧的主流终端模式。天瑞地安科技集团红鸟网络直播 App 系统具有丰富的功能，有非常大的扩展空间，是运营方搭建直播平台的优质选择。

另外，天瑞地安科技集团红鸟网络视频直播 App 平台具有大数据承载能力，从缓存技术、数据库技术、代码算法等多个角度全面优化。可以采用分布式服务器部署，根据用户的需要大幅度提高负载能力。该直播系统还采用动静分离、高效缓存、集群部署、心跳检查、数据库读写分离技术和最优化的数据库设计，助力合作企业搭建出最优质的视频直播平台。

好的直播系统离不开高新技术的支持。不过，为了搭建一个优质的网络直播系统，还要格外注意以下几个关键点（图 4-13），这些关键点是网络直播系统最容易出问题的地方，也是判断一个直播系统是否优质的依据。

1. 清晰度

清晰度是判断一个直播系统是否优质的重要指标。清晰度指影像上各细部影纹及其边界的清晰程度，它一般是从录像机角度出发，通过看重放图像的清晰程度比较图像质量。有些直播平台被很多用户抱怨，图片清晰度不够，这就使得平台的用户黏性不强。因此，为用户提供一个高清的直播系统是直播平台必须要重视的。

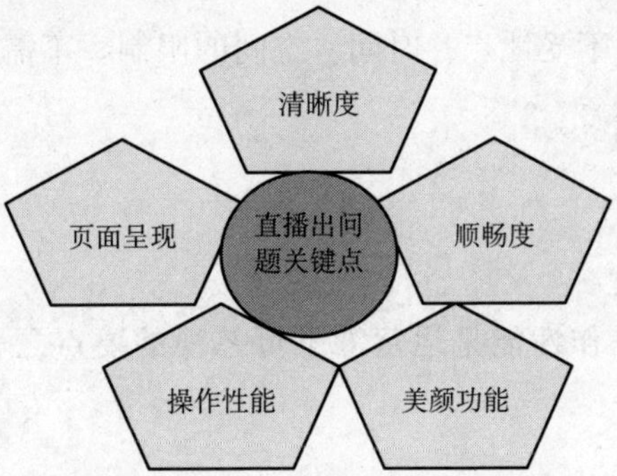

图 4-13　直播系统出问题的关键点

2. 顺畅度

随着互联网和智能手机的普及，手机已经成为人们生活中离不开的东西了。据统计，中国手机用户平均每天花费 3.9 小时使用手机，巨大的信息资源融于一体，用户体验直接受到软件界面和使用流畅度影响。因此，直播系统应用的顺畅度将成为改变用户对直播平台认知的重要考量标准。

3. 美颜功能

美颜早已不是什么稀奇的功能，美颜视频也变得很常见，现在最热门的直播软件也开始使用美颜。例如，小咖秀官方打造的手机直播软件——小咖 TV App，它具有神奇的魔法美颜功能，能自动帮用户美颜，让用户在直播中随时随地都美美的。截至 2017 年 6 月，映客 App 直播时的美颜效果只有在 iPhone 5S、iPhone 6 及以上的设备和 iPad 上面的 iPhone 版才有，安卓版是没有美颜功能的。

人们不仅喜欢自己看起来很美，而且也喜欢看美的事物，因此，直播系统一定要重视美颜功能。一般来说，直播系统中收录的美颜工具集美白、祛痘、化妆、社交妆、自制面膜、天然美容等于一身，真正做到在家躺着就可以浏览学习，不受地点、时间、空间的限制，不需要联网阅读，就能让用户实现美丽变身。

4. 操作性能

直播系统的操作性能是运营方不可忽视的要点之一，其操作性能如图 4-14 所示。

图 4-14　直播系统的操作性能

1）稳定性强

直播系统要支持不间断运行。

2）集成度高

直播系统要集成软件编码、直播、录制、Web 服务、安全认证、录制文件的点播服务等功能。

3）兼容性好

直播系统要能支持 Win 2000 以上各种版本的操作系统、支持市面上流行的软件压缩卡、支持符合 WDM 和 VFW 接口的采集卡，支持 USB、

1394 等采集设备。

4）扩展性强

直播系统要采用模块化的设计思想，能够轻松升级，还可根据用户需要轻松嵌入别的 OA 系统或者门户网站中。

另外，直播系统要能支持主播与粉丝实时互动；支持动态定义节目单；可自由设定节目、广告时段；系统可按用户设定选择直播节目源和广告；采集任意电视信号并在源节目上加上网络直播方的 LOGO、动态文字广告等。总之，直播系统的每一项优质服务方案必定是能满足客户和市场的多方需求，并且也是合理可执行的。还要将直播平台的各项业务覆盖到移动设备、消费电子等平台渠道。

5. 页面呈现

直播平台的页面设计要能给用户一个好的视觉享受。为了给用户一个良好的页面呈现效果，页面的视觉设计要从以下几个方面考虑。

（1）移动产品界面设计。

（2）网站设计。

（3）视觉设计趋势。

（4）软件界面设计。

（5）图标设计。

（6）产品视觉规范。

直播平台的页面设计要以简洁美观为主，不能看起来很复杂。在前面章节中说过，国外知名直播网站 Twitch，其页面的最大特色就是简洁，赢得了很多人的好评，现在很多直播平台都纷纷效仿。

4.3 寻找中国式合伙人

俗话说："一个篱笆三个桩，一个好汉三个帮。"一个人的能力毕竟有限，特别是搭建直播平台做直播平台运营，需要找软件公司、找主播、做推广等，这一系列的事情是不可能靠一个人完成的，而且网络直播平台前期是一个"烧钱"的行当，一定会需要大批资金。因此，运营方需要找一个好的合伙人，共同搭建和运营直播平台。

经调查发现，与传统企业家单枪匹马闯天下不同，活跃在新经济领域的第三代企业家 90%以上都喜欢抱团创业，他们往往都会有一个三人以上的创业团队，即"合伙人"。然而并不是任何人都可以当自己的合伙人，特别是网络直播平台创业者更应该擦亮眼睛，选择适合自己的合伙人，建立一个分工明确、优势互补的专业合伙团队。切忌盲目选择合伙人，让自己搭建直播平台的汗水付诸东流。

4.3.1 合伙人一般如何寻找比较好

熊猫直播成立于 2015 年 7 月 23 日。2015 年 9 月 5 日，在英雄联盟四周年庆典的表演赛中，万达集团董事长王健林之子王思聪所在的队伍中所有人的 ID 之前都加了潘达踢威的字样，这让观众们百思不得其解。当晚，王思聪为观众们解开了谜题，他在微博上宣布，熊猫直播将上线，而他将出任熊猫直播的 CEO。次日，王思聪又在他的微信朋友圈里表示熊猫直播目前接受融资，投资者可以随时联系他。

熊猫直播为什么会选择王思聪担任合伙人呢？世界电子竞技大赛（World Cyber Arena，WCA）组委会前新闻发言人茅侃侃给出了答案，他认为："王思聪拥有资源，有战队，有人脉（比如艺人），乐视体育、万达院线以及一系列隐藏的资源。在电竞这块，他可以把直播平台作为一个聚合口建立，这也可以称为电竞生态概念。我觉得熊猫直播绝对不会仅仅是直播，直播不过是一个入口或出口。"

王思聪很早就已经接触到电竞行业，他本人很爱玩游戏。2017 年 9 月，王思聪与其他两位当红演员在熊猫直播直播玩游戏《绝地求生》，这次直播引来 80 多万人围观，此外，王思聪还有自己的电子竞技团队——IG。

虽然目前直播市场已经拥有美拍、映客、花椒直播、YY LIVE、斗鱼 TV、战旗 TV 等多个大型直播平台，但是以王思聪的人脉，熊猫直播将成为直播领域上又一个强有力的竞争者。因为王思聪本身就是一个网络达人，其影响力是不可小觑的。王思聪在宣布加入熊猫直播之后，就频频与各平台主播接触，这些行为都为熊猫直播拉拢了不少人气。

熊猫直播有了王思聪这个合伙人的加入，无疑是锦上添花，王思聪本人的影响力和运作跨界资源的能力，给平台带来了人气和各种资源，省去了很多推广的麻烦，或许还能借此带来一次不一样的玩法。因此，直播平台选择合伙人就应该考虑合伙人的资源和人脉，以及他能为平台带来的好处。

另外，虎牙直播"大神"——"虎神"，在 2017 年 11 月正式加入熊猫互娱。由于"虎神"对 LOL 中"贾克斯"这个英雄的深刻游戏理解和精湛的操控应用技术，他成为公认的"国服第一贾克斯"，仅凭一手出神入化的武器大师，打上了韩服王者前十，让年仅 19 岁的他拥有不少粉丝，并成为虎牙直播的著名主播。在虎牙直播看过他直播的观众都知道，"虎神”不仅游戏心态非常好，还常常能带领队友逆风翻盘。2017 年 11 月 4 日，“虎神”在微博发文称，自己已离开虎牙直播，跳槽熊猫直播。对游戏类直播平台来说，游戏技术高超的主播对直播平台非常重要，往往一场直播将会带来数十万个甚至上百万个用户。可见，熊猫直播之所以选择“虎神”加入，就是看重了他游戏技术高超的优势。

合伙打造直播平台是目前网络直播平台运营的必然选择。有人气的可以成为直播平台的合伙人，有资金的也可以成为直播平台的合伙人，有技术的同样可以成为直播平台的合伙人……总之，选择合伙人的目的就是扬长补短，合作共赢。

合伙创业虽然成了一种常见的合作模式，然而，很多创业者与合伙人之间因为种种矛盾而使得公司拆伙的新闻也屡屡见诸报端。所以说，选择合伙人是一个技术活，选得不好，很可能会导致创业失败。那么，运营方应该如何寻找一个合适的人作为合伙人呢？其寻找技巧如图 4-15 所示。

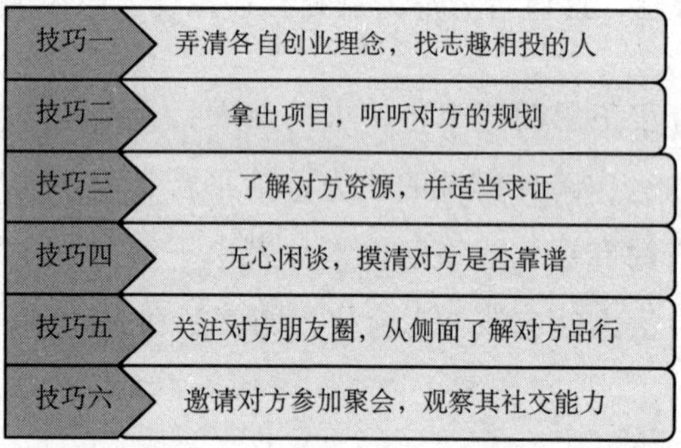

图 4-15　寻找合伙人的技巧

1. 弄清各自创业理念，找志趣相投的人

选择某个人做合伙人之前，运营方首先要确定他和自己的创业理念一致，是志趣相投的人。还要根据各自的兴趣、爱好和特长，分工合作，这

样不仅可以降低风险，还能充分发挥各自的优势，共同将直播平台做大。

2．拿出项目，听听对方的规划

想法对创业者来说是最重要的前提条件，运营方打算做直播平台运营前肯定是因为心里有了好的直播项目，但在选择合伙人之前，不妨先把直播项目拿给将要选择的合伙人看，听听他有什么规划，看看他是否有相同的看法，对市场是否有相同的思路。如果看法和思路都一致，那么在以后的合作中才会更默契，创业才有更大的激情。

3．了解对方资源，并适当求证

直播平台运营除了要有好的点子外，关键还要看双方的资源，当运营方有了任何一种资源的时候，在选择合伙人时，看中的必然是对方有很好的可合作资源，这种资源能帮助运营方、帮助直播平台更好的发展。在合伙路上，整合资源是一条必不可少的路。有些人有人脉资源，有些人有销售渠道，还有些人有一些短期资源，比如，拉货的车、装货的仓库等，任何资源都可以加以利用，只要对创业有帮助，当然，涉及违法犯罪的事情要除外。

4．无心闲谈，摸清对方是否靠谱

志同道合的合伙人虽然可遇不可求，但还是有据可依的。在选择合伙人时，无论这个人是不是基于朋友关系而形成的，都要先确定这个人是不是值得信任的合伙人。而确定这个人是否靠谱，应从他过去的经历了解，而了解他过去经历最简单的方式就是与他进行无心闲谈。

5．关注对方朋友圈，从侧面了解对方品行

选择合伙人的标准：人品第一、价值观第二、工作态度第三、能力第四。可见，人品是选择合伙人最重要的指标。品行良好的人，能为运营方和其他人树立榜样，给其他人带来示范效应。品行良好的人有好的习惯，可以影响周边工作的每一位伙伴，能与这样的人一起合伙创业，何乐而不为。

6. 邀请对方参加聚会，观察其社交能力

衡量一个人的社交能力强不强，主要看他经常和什么样的人打交道。马云的社交能力令人叹服，现在有一种圈子叫“马云的朋友圈”。马云的朋友遍天下，他不仅和比尔·盖茨是好朋友，还和德国总理默克尔私交深。马云的朋友圈是一般人接触不到的，每一个都是大佬，其分量之重，难以想象。为了充分了解合伙人的社交能力，可以多带他参加一些陌生人的聚会，在聚会中可以观察他的社交能力，他的社交能力可以在这种场合充分地表现出来。

选择合伙人，最好选择一些性格比较外向的，因为一般外向、能量气场强的人，在任何社交场合都能非常快地融入大部分的社交场合，要回忆一下身边是否有这样的朋友，或者是否看到过类似这样的人在聚会上如鱼得水，感染着周围的人，气氛非常活跃，大家都很开心。

4.3.2 股权结构如何设计

能一起吃苦的合伙创业者有很多，但能一起享福的人却很少。因为合伙人在创业早期，外在经营压力比较大，大家一起努力，不会过多考虑各自占多少股份和如何获取这些股权，因为这个时候公司的股权真正的价值并不容易直接计算出来。

然而随着公司的不断发展，可能有些公司的发展“钱景”越来越好，

而且潜力也越来越大。那么，此时早期的创始成员发现自己的股权能够换得大量的现金，自然会对股权的关注度提高。如果创始人在创业前期没有设计好股权结构，在公司变好时再讨论股权怎么分，这时会很容易因为股权分配的事情有所争执，导致创业团队出现各种各样的问题，从而影响公司的发展，甚至会让公司面临困境。因此，为了避免合伙人后期因为股权而发生矛盾，前期就应该把股权分配规则尽早落地。一般情况下，股权结构划分应遵循以下原则。

1.“投大钱，占小股”原则

在旧时代，股权分配的核心就是“钱”，甚至是唯一依据，“钱”是最大变量，而在新时代，“谁钱多，谁老大”的老旧观念已经落伍了，“人”才是最大变量，对于那些只出钱不出力或少出力的专业投资人，他们会遵守“投大钱，占小股”的原则。

很多投资人之所以更喜欢“投大钱，占小股”而不是“投小钱，占大股”，原因是前者通常会比后者赚得更多。在投资中出现这种情况，是因为有些投资者认为自己手中握有的股权越多越好，他们只看自己在公司发展前期的贡献，而没有从公司的长期发展方面考虑，这样就使得公司的未来发展缺少持续动力，甚至没有发展动力。例如，投资者不肯放股权，这样一些优秀的团队和后续资本就不能进入公司，使得公司越做越小，进而使公司的盈利下降，投资者从公司赚的钱自然也会变少。

马云被称为中国最有钱的人，可能很多人都认为阿里巴巴是马云的。但从股权方面来说，马云只持有阿里巴巴 8.9%的股份。虽然马云只有 8.9%的股份，但这个数字却让马云成功当选中国首富。倘若马云不懂得放权，可能就不会有那么多大佬带着庞大的资金入驻阿里巴巴，阿里巴巴也不会成为现在的“阿里帝国”。这时，即使马云拥有阿里巴巴 100%的股权，结果可能也会不如意，甚至阿里巴巴还会因为资金短缺面临倒闭的危机。

值钱的公司，1%的股份就是一个非常大的数字，比如，阿里巴巴 1%的股份=20.1 亿美元，小米 1%的股份=4.5 亿美元。但是，不值钱的公司，100%的股份=0 美元。像阿里巴巴、小米这样的成功公司，其背后都有一套清晰的股权架构，其股权架构分别解决了公司长期发展所需要的核心创业团队、资本与核心战略资源等问题。公司在初始股权架构设计时，首要解决创始人的持股权数量。根据创始人核心创业能力的集中程度与团队组成，创始人所持股份占 2/3 以上的是绝对控制型、占 50%以上的是相对控制型，占 50%以下的是不控制型。

创始人不控股，是否也可以控制公司？当然是，马云就是最好的例子。不控股但要有投票权委托、一致行动人协议、有限合伙、AB 股计划等，这都可以是备选方案。刘强东在京东上市前用的是投票权委托，上市后用的是 AB 股计划，实现了上市前后的无缝对接。

所谓 AB 股计划，根据京东招股说明书上显示，京东上市前夕的股票会区分为 A 序列普通股与 B 序列普通股。机构投资人的股票会被重新指定为 A 序列普通股，每股只有 1 个投票权，刘强东持有的 23.1%股权（含其代持的 4.3%激励股权）将会被重新指定为 B 序列普通股，每股有 20 个投票权。

刘强东实行 AB 股计划后，投资人会收回此前委托给刘强东行使的投票权，但通过 AB 股计划 1∶20 的投票权制度设计，刘强东掌控的投票权不会下降。因此，刘强东完全不存在公司失控的问题。

2. 技术入股股权分配原则

网络直播平台运营离不开技术人员，如果找一个能搭建网站直播系统的技术人员，这将为前期的资金投入省下一笔不小的费用，而且这将有利于直播平台后期的功能开发和功能创新，为直播平台未来的发展埋下伏笔。然而找一个技术入股的人是很不容易的。在现在的互联网创业高潮中，很多互联网创业者都在苦恼，“只缺一个程序员了”。因为很难找到一个能立刻辞职、全情投入、共同奋斗的技术合伙人。

苹果公司的创始人乔布斯在创业之初也曾遭遇到找技术合伙人难的问题。刚开始，乔布斯聘请沃茨负责苹果电脑的技术，当他把产品设计出来后，乔布斯便邀请沃茨一起创业。可是，沃茨直接拒绝了乔布斯的请求，因为他当时在惠普有一份很好的工作，因此不愿意放弃这份工作，只是想做苹果公司的兼职人员。最后，乔布斯费了九牛二虎之力，沃茨才答应出来一起创业。像乔布斯都曾遇到过这样的难题，更何况其他人呢？

虽然现在时代不同了，做技术的人员很多，但找技术合伙人依旧是一件很难的事，而且还会越来越难。因为在“大众创业”的呼吁声中，但凡有点技术底子又有创业梦想的技术人员，要么已成为别人的技术合伙人，要么就是自起炉灶。

在中关村创业大街中的一些创业者，他们都有一个共同的创业痛点——找不到技术合伙人。其中，有个创业者打算做一个招聘 App，为了找到一个技术过硬又敢于共同创业的合伙人，他在过去的一年多时间里先后接触了 1000 多个技术人员，还是没有找到他的技术合伙人。可见，找到一个既懂技术又适合自己的合伙人是挺不容易的。

技术合伙人即使很难找到，但也不能为了说服技术人员合伙而无条件的退让股份。国内技术方与出资方合伙创业往往会遇到这样一个问题：如果资金全部（或大部分）由投资方投入，技术方只是技术入股而不出资，那么在这种“无形资产”的价值尚未实现时，公司就出现亏损倒闭的情况，这时"无形资产"从一开始就占实实在在的股份对资金投资方是不公平的。对技术入股者分配股份的可行性方法如图 4-16 所示。

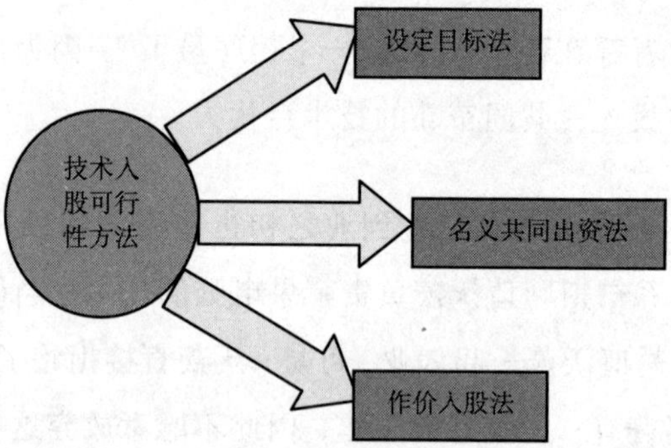

图 4-16 技术入股股份分配可行性方法

1）设定目标法

设定目标法，顾名思义就是根据公司事先制订的目标设置合伙方的股份比例。例如，创业公司的股权结构分为资金投资方和技术投资方，双方为了维护各自的利益，事先达成协议，协议的有效期是 3 年。另外，协议还为每年制订了目标及相应的股权赠予，其中，第一年的目标为 A，如果 100%达成 A 目标，则赠予技术投资方 a%股份，如果 150%达成 A 目标，则赠予技术投资方 a+%股份；第二年的目标为 B，如果 100%达成 B 目标，则赠予技术投资方 b%股份，如果 150%达成 B 目标，则赠予技术投资方 b+%股份；第三年的目标是 C，如果 100%达成 C 目标，则赠予技术投资方 c%股份，如果 150%达成 C 目标，则赠予技术投资方 c+%股份。

2）名义共同出资法

名义共同出资法是股东们在投资之前预先设定一个股份比例，之后按照事先协商好的偿还方法实施利益分配。例如，张先生有资金，刘先生有技术，双方协商后准备成立一个公司，由张先生投入资金，刘先生投入技术，双方的股份比例为A：B。另外，双方还事先商定了利润分红的比例，其中，技术投资方的分红要优先偿付资金投资方的垫资。假如后期公司由于经营不善，所得利润不能偿付资金投资方的垫资，双方选择清盘后的所有剩余资产应该优先偿付资金投资方的投资款。

3）作价入股法

作价入股法是公司原有股东以公司的原有资产入股，合作后的收入按商定比例分配作价入股。例如，张先生是某公司的创始人，为了扩大公司规模，张先生希望为公司引进先进技术，于是，他邀请了刘先生的技术团队加入公司。双方的合作方式为作价入股法，当时张先生原公司的资产总值是400万元，经协商，张先生原公司的价值与刘先生新增加的技术价值最终以3：1分配，4年后结算确定最后股份比例；假如4年后，公司的总资产价值达到2000万元，其中新增加的1600万元按3：1分配，这时张先生的总出资是400+1200=1600万元；刘先生的总出资是400万元，那么张先生占公司80%的股份，刘先生占20%的股份。

总之，对所有的直播平台创业者来说，一定要明白一个道理：创业成功了，即使只拿1%也很多；创业不成功，就算占有100%也分文不值。

5

平台根本：经纪公司与主播

网络直播平台的收入主要靠虚拟道具打赏、广告、电商等，这些收入离不开平台上的人气，而吸引人气离不开网络达人主播。目前，很多直播平台像培养明星一样孵化网络达人主播，这正成为直播行业的标配。很多直播平台均配备专门的经纪人团队，对平台上的主播进行全方位打造。

5.1 研究经纪公司与主播，找出他们的痛点

近几年，网络直播日渐红火，网络秀场类直播平台 YY LIVE 在 2017 年第三季度的营收达到了 31 亿元。随着 YY LIVE、天鸽互动相继上市，直接催生了互联网经纪公司。

5.1.1 娱加娱乐发展模式

现在直播平台上出现了很多公会，而正规公会化身成了经纪公司。不过，经纪公司对公会实行公司化管理，这是公会发展的必然趋势。娱加娱乐传媒文化有限公司（简称娱加娱乐）就是由公会发展成为国内首家公司化管理的互联网经纪公司。

在 YY LIVE 上，每天 12 点到 14 点，21 点到 0 点，都会看到一个集聚 5 万～10 万人的直播间，这个直播间的主播就是前文中提到的网络当红男主播“老毕”，他身材微胖，26 岁，主播风格以搞笑脱口秀为主，是网络主播顶端人物，月收入百万元以上。在 2017 年 YY LIVE 年度盛典上，“老毕”以 500 多万票获得了“最佳男脱口秀艺人”的第二名，而他正是来自娱加娱乐，这是一家网络主播经纪公司，拥有线上签约艺人近千名、线下签约艺人近百名、YY LIVE 业务频道 13 个等。

2013 年娱加娱乐成立，作为 YY LIVE 第一营收公会，已经获得了 IDG 千万元的投资，公司估值过亿元，并于 2015 年正式上市。娱加娱乐总经理王春雷接受专访时表示，这是国内首家获得知名风投认可的互联网经纪公司，融资将用于各个城市线下工作室的建设以及明星主播的线下推广。在秀场类直播火热之际，这个经纪公司向直播平台输送了许多网络主播。

娱加娱乐是首家公司化管理的网络公会，但如今它已经发展成为一家

公司化管理的互联网经纪公司。对此，王春雷表示，公会与直播平台相比，其组织还处于萌芽阶段，很多公会是家族式或江湖气息的管理模式。“过去的会所模式已经不适应日趋成熟壮大的网络直播市场，而娱加娱乐正是看到了其中的不平衡，才发展成为国内首家公司化管理的互联网经纪公司。可见，公会模式有很多缺点，发展成为公司化管理的经纪公司才是公会未来发展的明智之举。”据王春雷介绍，娱加娱乐公司现在主要分为三个部门（图 5-1）。

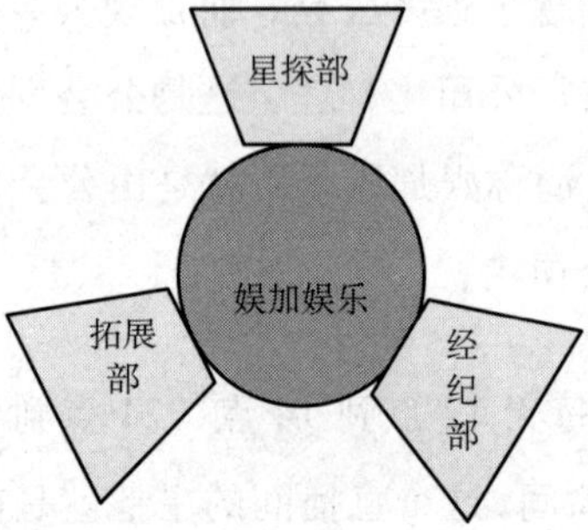

图 5-1　娱加娱乐公司部门组成

其中，星探部负责挖掘艺人，他们既会从各大艺术院校挖掘专业人才，也会通过网络在线上寻找；挖掘到艺人以后，经纪部会负责对这些艺人培训，包括线上成长扶持和线下包装推广；拓展部则会从线上和线下两个维度增加主播在平台虚拟礼物之外的商业收入。另外，针对不同用户喜欢不同的主播类型，娱加娱乐会对新签约主播进行个性化差异培养。

王春雷还坦言：“目前阶段，最大的瓶颈是外界对于行业的刻板印象。”因为虽然网络直播现在很火爆，但很多人依旧戴着有色眼镜来看网络直播，这给公司招募新人带来了很大的困扰。他表示，娱加娱乐下一阶段打算在北京、上海、广州、深圳等一线城市建立工作室，让外界对网络直播了解更多。另外，王春雷还说：“引入 IDG 也有这方面的考虑，希望通过资本市场的认可进而获得社会认可。”

对于娱加娱乐的这种商业布局，中投顾问文化行业研究员蔡灵表示：“娱加娱乐的商业模式较为符合当前网络直播的发展趋势，发展潜力巨大。目前我国网络秀场类直播市场需求量较大，而相关直播人才缺乏，传统主播由于受传统直播模式限制，难以在短期内很好地与互联网直播娱乐行业进行良好对接，而娱加娱乐恰好能够为网络秀场类直播市场输送人才。”

5.1.2 中樱桃发展模式

现在有些经纪公司为了能快速找出有潜力的主播，将关注点瞄向了隶属于公司的艺人身上，让一些已经出道的艺人做兼职主播。对艺人主播来说，进入直播平台，不仅可以与粉丝面对面互动，进一步提高知名度，而且还能够增加营收。所以，很多艺人都会在时间允许的情况下，兼职做主播。

对主播这个行业来说，那些通过经纪公司培养的网络主播，专业性和素质一般都是比较高的，这类主播无疑提升了直播人群的整体水平，并使得直播这个行业逐渐被人们所接受，同时，这种方式也让主播和其背后的艺人经纪公司走进大众的视野。

艾企锐文化旗下的草根艺人经纪品牌——中樱桃，是一个致力于培养草根艺人的经纪公司。中樱桃的优势是比较明显的，它不仅可以利用本身具有的一套完整的包装培养经纪体系培训主播，而且还可以借助自身的一套规范的管理体系管理主播。

中樱桃从广大草根中挖掘有潜力的草根美女，然后对她们进行梯队式的严格培训，培训合格者才有可能成为中樱桃的签约艺人，还有可能成为中樱桃的艺人主播。当然，中樱桃对艺人的筛选是很严格的，经中樱桃输出的艺人条件都非常好，不仅具备唱歌、跳舞、表演、主持等多项才艺，很多人都能够在影视、模特、音乐等领域全方位发展。

如今，草根类秀场直播一直在持续发酵，中樱桃致力于培养优秀的草根艺人的理念，与在线直播行业中主播必须具备“有才”的特点不谋而合，所以，中樱桃利用自身培养草根艺人的优势以及众多的艺人资源，很快便在直播行业中找到了新出路，并探索出一条有利于草根艺人发展的新玩法，让中樱桃艺人入驻直播平台，兼做主播。

中樱桃让旗下已经出道的人气艺人入驻直播平台之后，还会对这些艺人做规范化管理。比如，某艺人入驻来疯直播平台后，每天晚上 8 点，她都会到自己的直播间进行直播。在直播期间，她有时会直播自己的日常，有时会为观众奉献一段歌曲或者舞蹈以及其他才艺，还会时不时地与观众聊天。入驻直播一个月，这位艺人的人气开始飙升，不久，她成为来疯直播平台的一位当红美女主播。在一次直播中，她的粉丝在直播期间赠送给她的虚拟礼物，折算成人民币高达 26 万元。如今，她做在线直播越来越娴熟，一晚上的直播收入少则数千元，多则数万元。

不仅如此，每个月的月底，这位美女主播还会联合其他高人气主播，举办一场大型的高端才艺直播秀。在直播秀中，不仅有唱歌、跳舞等节目，而且还会设置一些与粉丝互动的游戏环节，这场直播秀堪称庞大的视觉盛宴，吸引了百万人的关注。可以说，这场直播秀丝毫不输当下明星花旦的表演秀。

在接受采访时，这位美女主播说：“现在我利用业余时间做主播，跟粉丝互动的机会多了起来，很多粉丝知道我直播以后也会开个账号来看我。我给他们唱唱歌，与他们聊聊天，他们开心，我也缓解了压力，还锻炼了自己，只要有粉丝想看，我大概会一直直播下去。”

另外，艾企锐为了让更多的艺人加入直播的队伍，专门设置了各种各样的直播内容模式。另外，艾企锐专门成立在线视频出品（制片）品牌——搞莱坞。截至现在，搞莱坞结合中樱桃艺人的优势和特点，创作出品的影视剧及综艺节目包括《别学我》《Yp 脱口秀》《男宅突袭》《樱熊不联盟》等，这些节目的累计播放量超 3 亿次。

中樱桃目前的签约艺人早已过百人，有不少艺人都参与了直播。中樱桃旗下艺人曹安娜，在 2017 年 3 月 13 日主播榜单中，一天的收入就达到 4.1 万元，位列 KK 直播榜榜首。早在 2017 年 2 月，KK 直播就与中樱桃签署了 1200 万元的艺人合作培养计划，这些艺人就包括了曹安娜。由此可见，中樱桃这种专业的艺人经纪品牌公司培养出来的艺人，吸金能力还是很强的。

像中樱桃这样本身具有培养草根艺人优势的经纪公司并不多，像曹安娜这样有实力的主播也很少。如今，很多经纪公司对如何找有潜力的主播，如何高效打造网络达人主播以及如何培养有竞争力的主播团队等方面有很多困扰，这些是经纪公司现在的痛点，而主播如何找有实力的经纪公司以及如何与经纪公司签约谈判等，这些是主播们现在的痛点。下面将对这些内容一一讲解。

5.2 经纪公司模式

互联网消费习惯和粉丝经济催生出火爆的网络直播，目前，国内网络直播平台除了 YY LIVE、9158、六间房、酷狗繁星、新浪秀场等外，网易 BOBO、百度秀场、腾讯 QT 等也如雨后春笋般涌现。可见，互联网各大巨头纷纷进入直播市场抢食蛋糕。

在火热的网络直播市场下，网络主播成为各大平台争夺的对象。在各大直播平台上，一定数量的签约主播构成一个个组织，这些组织逐渐向经纪公司方向发展。经纪公司主要的工作要点如图 5-2 所示。

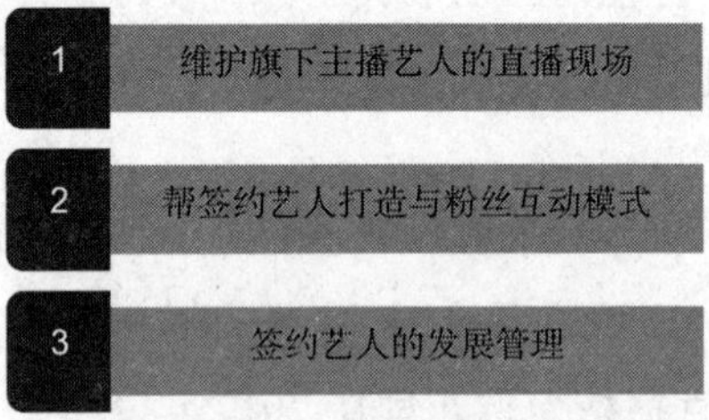

图 5-2　经纪公司的工作要点

不过，在过去很长一段时间里，主播经纪公司给人的印象都是一些负面的，人们觉得它们只不过是中介而已。随着中介市场的规范性越来越强、众多直播网站的频频加入，再加上越来越多的视频网站以及互联网巨头们的纷纷入局，直播行业的游戏规则随之发生变化。目前，直播平台方不约而同地将目光对准内容，尤其是 PUGC 的优质视频内容和直播平台的打通，优质的内容将成为各大直播平台的核心竞争力。

当然，主播经纪公司作为直播平台和主播的第三方，此时也开始转型，它们要做的不只是一个中介公司，而是要成为一个输出优质内容的机构。对经纪公司来说，它们拥有强大的直播资源以及优质的主播人选，它们转型为内容型直播机构，还是很容易的。所以，现在经纪公司的商业模式除了依靠秀场分成获利外，它们还将更多的精力投入内容生产和主播的培养上，毕竟从直播行业的长远发展来看，内容和主播是最核心的竞争力，有了优质的内容和主播，就能很容易在直播行业中占据一席之地。

5.2.1 选择一个直播平台

经纪公司是直播平台和主播间的第三方，它们亲自挖掘有潜力的艺人，然后再进行各方面的培养，最后将艺人打造成全能型的网络主播。主播打造成之后，就是向各直播平台输出了。选择一个适合主播发展的直播平台是经纪公司最重要的决策之一。

经纪公司在选择直播平台时的关注点如图 5-3 所示。

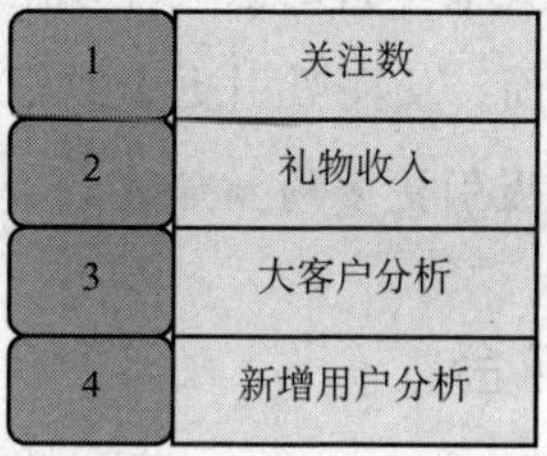

图 5-3 经纪公司选择直播平台的关注点

1. 关注数

目前，直播平台的关注数是相对真实的，所以，经纪公司通常会查看直播平台高排名、高等级主播的关注数，因为这很能说明这个平台导量的大小。

2. 礼物收入

经纪公司通常根据直播平台上中下三个层次主播的收入，取中等层次分析。此时，它们不仅要看收入还要看充值比例，“0”多不代表主播收入高，因为每个平台都有人民币兑换比例说明。

3. 大客户分析

经纪公司都会看直播平台排行榜上的消费，可以综合看出这个平台现在的用户质量。

4．新增用户分析

经纪公司会查看直播平台各个直播间有没有人说话、有没有用户加入、有没有新用户加入。通过新增用户分析，看看这个直播平台目前的发展状况是倒退还是前进。

既然经纪公司在选择直播平台时会关注以上四点，直播平台就要从这四点着手，提升这四个方面，从而吸引更多经纪公司加入，这样平台才会有更多的主播，才有可能吸引更多粉丝加入。

5.2.2 将公会引到直播平台

现在很多直播平台为了方便管理，都要求新主播签约某个频道和公会，新主播不签约、不认证，即使收到礼物也不能兑现。现在很多新主播没有公会和后援捧，是成长不起来的。

在 5.1.1 节中说过娱加娱乐是 YY LIVE 第一营收公会，YY LIVE 依托公会群批量制造艺人。其中，当红网络主播“老毕”就是娱加娱乐旗下的艺人，他在 2017 年 YY LIVE 年度盛典中当选“最佳男脱口秀艺人”的第二名，获得了 500 多万张选票，如果一张票仅一元，那么他当天也能给平台带来 500 多万元的营收。当然，“老毕”高支持率的身后自然也离不开其公会家族的给力力捧，而且他们的粉丝黏性远高于普通明星，消费能力相对高，也易于培育良好的互联网消费习惯。

为了吸引更多有实力的公会加入，YY LIVE 在招股说明书提道：“多玩能让用户创造和组织不同规模的群组，从而发现和参与一系列广泛的在线活动，如网络游戏、卡拉 OK、音乐会、教育活动、现场演出和电话会议等。”这里不同规模的“群组”就是公会，YY LIVE 上超过百万个公会由玩家自由组建而成，而且几乎每位玩家都会根据个人喜好和需求选择合适的公会，并穿上该公会的外衣发展壮大自己。

目前，YY LIVE 游戏类直播已经成熟化，其背后自然离不开公会群的支持，在群组成员的齐心协力下，他们把很多完全不会玩游戏的人带入游戏类直播当中并且让这些人喜欢玩，然后变得会玩。当然，公会旗下的游戏类直播玩家都是有收入的，公会成员的人气和实力决定直播平台赚钱的多少。因此，直播平台为了保证公会输入成员的质量，在公会入驻平台前应设有一定的门槛。

例如，花样直播在邀请公会入驻平台时，要求公会旗下至少拥有 10 名签约主播，还需要组织旗下的主播参加花椒直播官方的考核，当公会有 10 名新主播通过花椒直播的考核后，即可在花椒直播上成立一个新的公会。

新公会在直播平台申请成功后，将在平台上获得一个可以独立运营的直播间，公会管理者可以自由安排公会成员在所属的直播间进行直播。主播只能和公会签约，公会旗下的主播才可报名参加官方推出的运营活动。

公会能为直播平台提供优秀的主播，还能帮助主播快速成长，从而吸引更多的人气。这让直播平台省去了找主播、管理主播、经营主播等很多事情，而且这样运营直播平台效率和成效都直线提升。这也是为什么现在很多直播平台直接找公会，而不是直接找主播加入的原因。

5.2.3 从公会群友导入用户流量

2017 年 6 月，世界舞蹈大赛（World Of Dance，WOD）中国赛区总决

赛由互联网平台来疯直播比赛全过程。从直播的受众来看，很多粉丝都是一些专业舞者、兴趣爱好者以及参赛舞队的粉丝，这些人均是被此次大赛直播吸引到来疯平台的。

从公会引流讲，假设WOD每个参赛舞队就是一个公会，每个参赛舞队的舞者都有自己的粉丝，如果参赛舞队这个公会入驻来疯平台，那么很多粉丝因为自己喜欢的舞者也会加入来疯平台，公会这种方式能在专业观众的引流上起到聚合作用（图5-4）。

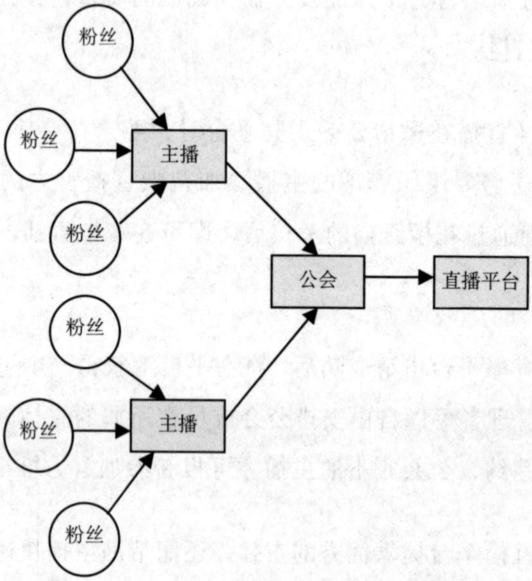

图5-4　公会引流

从来疯这次通过WOD直播引流来看，公会群友引流是直播平台最快也最有效的引流方式。在直播平台招募公会入驻前，很多公会群成员本身就自带粉丝，而且这些粉丝的黏性都很强。直播平台通过与公会群的合作，能将公会群友的流量引入该平台。

5.2.4　与直播平台分成

如今，直播行业的竞争越来越激烈。对新入行的主播来说，如果前期没有公会的支持，靠单枪匹马竞争是很难在直播行业中占据一席之地的。比如，主播在活动竞争、榜单打榜等方面遇到麻烦时，那些依靠公会的主播，其公会就会出面帮助他组织人气，而没有工会的主播，只凭借个人力量自然不是公会成员的对手。可见，公会是主播快速成名的重要推手，很可能某主播在公会的助力下一炮而红。

所以，对主播来说，无论是新主播，还是已经有点名气的主播，选择合适的公会尤其重要。当然，公会为主播出人出力，主播赚的钱自然要与公会按比例分成。假如主播赚了 100 元，交给公会 15～25 元，具体金额依公会具体情况而定。

在 YY LIVE 上，无论是游戏类直播的主播，还是娱乐直播的主播，凡是这个平台的主播都需要与某个频道和公会签约。各个公会 PK 几分钟或者半小时刷出数十万元虚拟礼物的情况屡见不鲜。在公会的帮助下，可能某个主播通过刷礼物、守护等获得的提成，一个月能达到数万元，甚至数十万元，而且能达到这个收入的主播不在少数。

当然，除了公会外，直播平台对打造网络红人、知名主播也具有得天独厚的优势，因为它作为前台工作，本身就有极高的关注度，再加上推广活动，直播平台也是主播成名的最有利推手。现在主播都以公会的形式与直播平台合作，直播平台是公会最有利的依托。因为通过公会签约的主播会成为官方的主推艺人，获得线上活动的优先选择，利润颇丰。同时，公会对直播平台来说，不仅仅是营收的来源，更是衣食父母，两者相互依赖、相互成长。

直播平台需要公会的支持，主播也需要公会的支持，三者相依相存，不可分割。在第 3 章中具体讲到直播平台的盈利模式，从其盈利模式来看，直播平台的一部分收入是与主播分成。如今，直播平台与公会合作，直播产生的收益将由平台、主播、公会三方按照不同比例分成，大平台的分成比例是 6：3：1，不同平台分成比例不一。

主播无论是刷的礼物，还是做广告，直播平台都会分一部分提成。此外，公会累积了人气、明星后可以通过股东（每月固定费用）、挂广告、和游戏厂商合作推广等方式赚钱，将人气变现，直播平台都要从中分一杯羹。与主播、公会分成是直播平台收入的主要来源之一。这样，直播平台才会有更多的运营资本，从而扩展更多的业务。

5.3 主播经纪公司五大分工

娱加娱乐旗下一位签约女主播大蜜说："之前自己做网络直播，签约娱加娱乐之后收入增加 5～6 倍。很多其他公会是消费娱乐的心态，而娱加娱乐是公司化管理。"在娱加娱乐，各部分工作分工明确，不同的组长分管不同的主播。对于新主播，公司会有专业的培训指导，会让当红主播连麦推荐，帮助新主播快速获得粉丝。

直播平台在选择经纪公司时，一定要选择那些正规的、有明确分工的公司，这样直播平台的运营才更加便捷，也更加有效。那么，主播经纪公司应做好哪方面的分工呢？一般来说，正规的经纪公司有 5 类人员分工合作（图 5-5）。

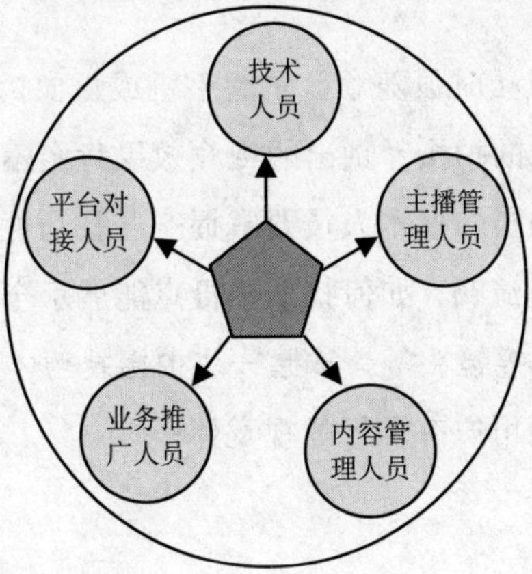

图 5-5 主播经纪公司 5 类人员

5.3.1 技术人员如何在用户体验上下功夫

正规的主播经纪公司一般都有一个专门的技术团队，这些技术人员是专门针对主播的，主要是为了让主播的直播内容展示效果更好，从而提升用户体验。技术人员的努力方向如图 5-6 所示。

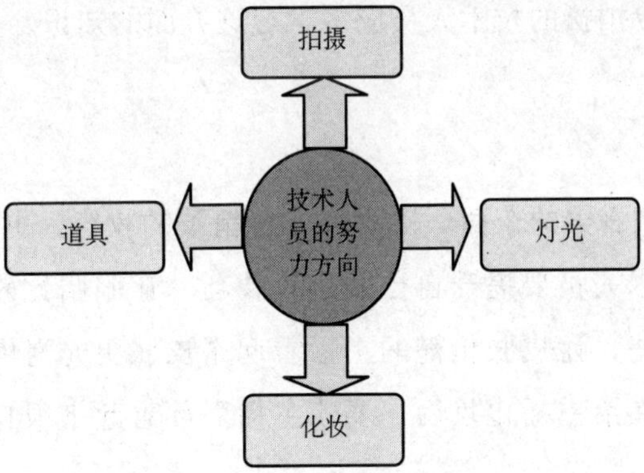

图 5-6 技术人员的努力方向

1．拍摄

很多人在拍摄视频时很随意，拿起手机或摄像机想怎么拍就怎么拍。像这种“自由派”式的拍摄，拍出的视频效果肯定不太好。因此，在视频拍摄过程中，负责拍摄的技术人员要掌握一些技巧性的知识。比如，如何对焦能让视频拍得更流畅、如何找准拍摄点能展示全景、如何进行夜景拍摄、如何获得平稳的摇镜头等，掌握一些拍摄技巧才能拍出唯美而又出彩的视频，让直播观看用户有良好的视觉体验。

2．灯光

灯光设置也是负责拍摄的技术人员应该多下功夫的地方。一般来说，灯光分为主光和辅助光。主光是用来描绘被摄体的外貌和形态的主要光线。辅助光是为了弥补主光在表现上的不足，平衡亮度的光线。技术人员要掌握主光和辅助光的使用方法。比如，常用主光照明的光源一般应摆在被摄对象的左或右前侧 45° 左右的位置上。这种角度拍摄能让被摄对象的面部特征、轮廓姿态、立体形状、光影变化等方面看起来正常，也很容易被观众接受。灯光是一门很复杂的学问，摆放角度不同拍出的视频效果不同。因此，负责拍摄的技术人员应多学习这方面的知识。

3．化妆

人们都喜欢看美的东西，主播有一个精致的妆容，更能让观众接受。负责化妆的技术人员要提升自己的化妆技巧，让眼睛比较小的主播看起来眼睛更大一些，让皮肤粗糙的主播看起来皮肤更光滑嫩白……负责化妆的技术人员在给主播化妆后，要让主播面部看起来很自然，而且也很美观。

4. 道具

在直播时，如何摆放道具也是技术人员需要下功夫的地方。通常情况下，主播都有一个固定的直播场地，如何在直播场地摆放适合的道具，如何摆放直播道具展示效果更好，这些都是技术人员需要学习和掌握的。

此外，在有些特殊直播内容中，主播还需要特殊的服装搭配，或者声音处理等。因此，技术团队还要有掌握服装搭配技巧、声音控制技巧的技术人员。

总之，技术人员是主播必不可少的辅助者，在这些人的帮助下，才能给用户更好的体验。因此，直播平台在选择主播经纪公司时，要了解技术团队的实力，只有拥有好的技术团队支持，主播才能进一步提升直播的展示效果。

5.3.2 主播管理人员应该如何管理主播

主播管理人员是主播的经纪人，他们的工作内容如图 5-7 所示。

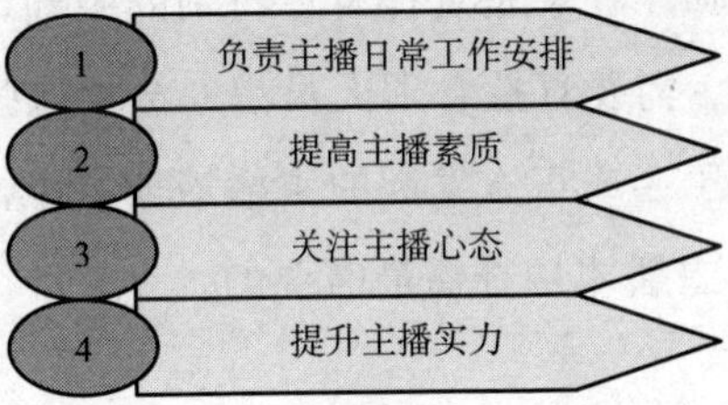

图 5-7　主播管理人员的工作内容

1. 负责主播日常工作安排

主播日常的工作安排由主播管理人员负责，比如，什么时间开始直播、参加什么样的推广活动、参加什么样的培训活动等。好的主播管理人员能把主播的工作安排得很有条理，让主播能更高效地直播。

2. 提高主播素质

主播管理人员有权对那些素质低的主播做出处罚，高素质的主播是直播平台未来发展的核心力。因此，主播管理人员要努力提高主播的素质，保证核心竞争力。

3. 关注主播心态

主播的心态决定主播是否能沉下心来直播。特别是新主播，刚开始播三五天，他们的人气和礼物量肯定不高。此时，他们心里会觉得平台不好或者自己不行。于是，他们就会萌生放弃的想法。如果主播管理人员能够多关注这些新主播，多给他们打气，帮助他们渡过这个艰难时期，那么直播平台的主播流动率才会降低，用户黏性也会在一定程度上提升。

4. 提升主播实力

提升主播实力是直播平台发展的根本。不过，有些主播在有了一定的人气之后，就开始骄傲了，总是觉得自己特别的牛气。这对直播平台发展是十分不利的，因此，需要直播管理人员想办法把这些主播的浮躁心态压下去，让他们多参与工会或官方发起的主播培训工作，让主播保持一颗积极向上的心，这样的主播才是直播最需要的。

直播平台在选择经纪公司时，要重视该公司主播管理人员的素质和能力，这样他们才能管理出一个好的主播，这样的主播才是直播平台发展的中坚力量。

5.3.3 内容管理人员如何把好质量关

随着互联网带宽的高速发展，以及智能手机硬件技术的一步步提升，网络直播已经成为一种成本低廉、互动性高、部署便捷、稳定可靠的娱乐方式。不过，在网络直播刚出现时，仅仅局限于游戏类直播和在线聊天，现在泛生活类直播开始逐渐流行。

在直播趋势的推动下，诸如唱歌、跳舞、做饭、吃饭、聊天等寻常的生活方式都被搬到视频直播平台上。有些靠颜值存活的主播在直播期间撒娇求礼物，或者主播在直播中与网友急切弹幕互动。更有甚者，为了提高关注度，增加点击量，铤而走险，做出不少刺激出格的举动，比如直播不雅行为、直播脱衣裸露、直播驾豪车撞伤人……以上这些低俗甚至触犯法律的直播内容都不可能是直播平台发展的长久之计。

直播平台直播色情暴力内容是法律绝对不允许的，而娱乐、电竞、脱口秀等大同小异的直播内容，几乎成了很多直播平台的“标配”，这些已经造成用户严重的审美疲劳。

据专业人士称：“网络直播平台想要在未来得到发展需从内容创新上下功夫。靠涉黄涉暴寻求刺激吸引眼球是违法的，靠‘跑马圈地’‘烧钱竞赛’更不是长久之计。”“网络直播”作为一种新型社交手段，只有持续创造优质内容、营造场景化的社交体验，才是直播平台未来发展的主要方向。

因此，直播平台在选择主播经纪公司时，要看他们有没有内容管理人员，因为这些人员的职责是对直播内容监管，禁止让那些低俗、没有价值含量的直播内容出现在直播平台上，这样能帮助直播平台提升直播内容的质量，提升直播平台的档次。

内容管理人员的工作关系着直播平台未来的发展，平台一旦涉及毒黄等内容，将对平台造成无法弥补的伤害。

5.3.4 业务推广人员如何寻找业务

这里所讲的业务推广人员是经纪公司一般的业务人员，就像推销员一样，他们的主要工作是寻找有潜力的主播。这些人员对经纪公司和直播平台提升业务量具有举足轻重的作用。一般情况下，直播的业务推广人员寻找业务的方法如图 5-8 所示。

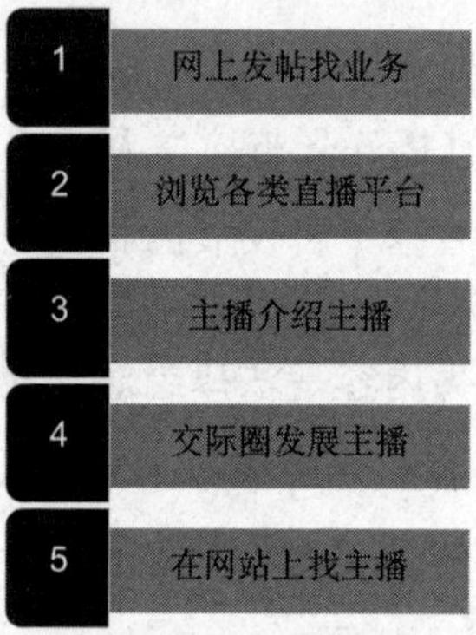

图 5-8 业务推广人员寻找业务的方法

1. 网上发帖找业务

经纪公司的业务推广人员通常会将公司招聘主播的消息发布在 58 同城、赶集、1010 兼职网、兼职吧等各种平台的相关板块。比如，兼职板块、招聘板块、求职板块、创业板块等，还可以发布在百度贴吧、豆瓣网等网友密集平台。

2. 浏览各类直播平台

在美拍、花椒直播、映客等直播平台上，除了已经与直播平台、经纪公司等群体签约的主播外，还有很多没有签约的主播，他们会在直播平台上发布一些直播内容，有的是因为兴趣爱好，有的是为了记录生活，还有的是希望获得关注，这些人里潜藏着很多有实力的主播，业务推广人员可以经常浏览这些人的直播内容，或许会发现一些有发展潜力的主播。

3. 主播介绍主播

人脉在各行各业都扮演着重要的角色，挖掘主播也不例外。让旗下的主播介绍新主播是一个非常好的办法，也是成功率最高的。厉害的业务推广人员在有了几个原始签约主播以后，就会认真服务好这几个主播，和他们做朋友。等到熟悉了，他们就让这些主播给自己介绍同行或者朋友。这时候业务推广人员不只要让这些主播给他们联系方式，最主要是要让主播帮他们打电话。如果主播帮业务推广人员打 1 个推荐电话，比业务推广人员打 100 个电话都有效。接下来，业务推广人员再服务好被介绍来的主播，然后再依此类推地让这个新主播介绍下去，从而可以很轻松地找到更多潜力主播。

4. 交际圈发展主播

经纪公司的业务推广人员寻找主播还有一个比较好的方法是资源共享，通过朋友介绍，或者交际网络的相互介绍发展主播。这些人介绍的主播往往变现能力强、效果好。

5. 在网站上找主播

现在有很多主播都是因为上了新闻头条，或者在微博、朋友圈等社交网站上发了一段视频、一些图片、一篇文章而成为网络达人。例如，有一个对口型的视频，一时间爆红网络，众明星纷纷参与，晒出自己搞笑的对嘴视频，其中个性开朗的某女星在微博上连发两段视频，分别模仿了一些明星的经典爆笑段子，她时而表情狰狞夸张搞怪，时而翻白眼，让网友爆笑全场，现在该女星成为名副其实的网络达人。除了明星能瞬间成为网络达人外，很多草根也会因为在微博、朋友圈等社交网站上发布一些有价值内容，而被业务推广人员发现并发展为主播。因此，经纪公司的业务推广人员要多利用网络资源寻找主播。

直播平台在选择经纪公司时，一定要确认这个公司有没有业务推广人员，还要看这些业务推广人员的业务能力如何，以及靠什么样的手段寻找业务。

5.3.5 平台对接人员如何开展公对公业务

经纪公司的收入与主播收入直接挂钩，对经纪公司旗下的主播，直播平台一般只提供推广上的帮助，对业务量的提升基本上没多大帮助。因此，经纪公司为了获得更多的收入，需要自己找业务，通过股东（每月固定费用）、挂广告以及电商、游戏厂商合作推广等方式赚钱。

经纪公司找业务的人员被称为平台对接人员，他们通常的业务是公对公的。平台对接人员业务能力和资源不仅决定经纪公司的收入，而且也决定平台的收入。因此，直播平台在选择经纪公司时，还要看平台对接人员的能力和资源。

平台对接人员开展公对公业务的常用方法如图 5-9 所示。

1. 找品牌商谈合作

美国加利福尼亚州的品牌 Velvet by Graham & Spencer 突然间火了起来，其最主要原因是和时尚博主 Courtney Trop 合作。该博主对时尚很有见地，在她的博客里，总是有鲜明观点的对高街和设计师品牌的评论。对

Velvet 来说，和 Courtney Trop 合作并不是新鲜事，这样能吸引一些新的用户。

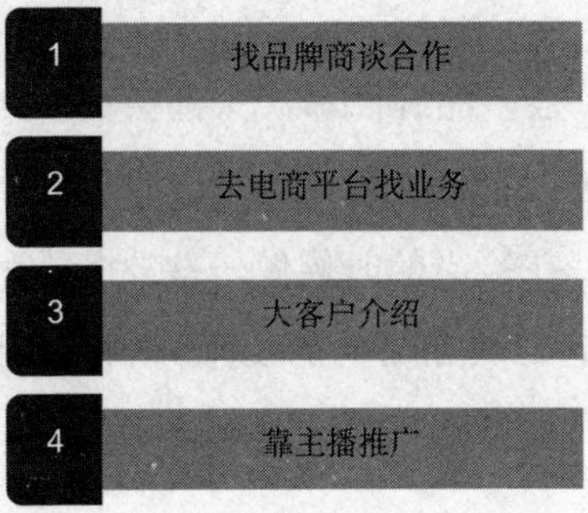

图 5-9 平台对接人员开展公对公业务的方法

如今，随着直播的火爆，很多品牌商在做产品推广时，都转向与知名主播合作。比如，很多游戏厂商都会与游戏类直播平台或者游戏主播合作，推广自己的游戏。因此，在此项契机面前，平台对接人员要抓住机遇，多找一些品牌商谈合作。

2. 去电商平台找业务

“直播+电商”的时代已经开启了，很多电商平台都转向直播领域，比如，淘宝、唯品会、京东等，这些电商界的领头羊纷纷跨界玩起了直播。在这种趋势的推动下，很多在电商平台开店的厂家虽然不能跨界做直播，但可以与知名主播合作，让他们为自己的网店做推广，从而增加网店的人气。因此，平台对接人员可以去各电商平台找厂家谈业务。

3. 大客户介绍

平台对接人员也可以通过大客户介绍发展业务，这种方法与 5.3.4 节中业务人员通过主播介绍主播的方式很相似，可以从中参考，这里不再做赘述。

4．靠主播推广

在直播火爆之际，很多品牌商和厂家都会关注与自己产品相关的直播平台，还会对有些主播很青睐。因此，平台对接人员可以让主播在直播期间或者微博等平台上，在恰当的时候做一些业务上的推广（但这样的推广不要做太多，以免引起观众和粉丝的反感），有些品牌商和厂家的负责人看到后，就会有意向与主播合作，这时平台对接人员再抓住机会，争取与对方合作。

5.4 如何与经纪公司谈判

在现代的商业社会中，商务谈判的次数越来越多，这对公司的经营活动起着越来越重要的作用。谈判的目的是双赢，即利益上双赢，心理上双赢。谈判时应掌握开局、中场和终局谈判策略，采取优势谈判步步为营，巧用策略，坚守原则，解决问题，化解压力。如今，直播平台与经纪公司的合作越来越频繁，那么在与经纪公司合作时，如何谈判才能让平台获得最大利益呢？

5.4.1 设置捆绑性协议，风险与利益共担

经纪公司与直播平台合作，一般由经纪公司负责管理主播的日常工作、工资等，直播平台提供平台、推广等工作，收取利益分成。双方合作除了表面上的分工外，其实还有很多细节，比如，合同在什么条件下可解除、无故解除合同如何赔偿等。

直播平台在与经纪公司谈判时，一定要以双方共同承担风险、共同分享利益为原则。一般情况下，直播平台设置捆绑性协议的要点如图 5-10 所示。

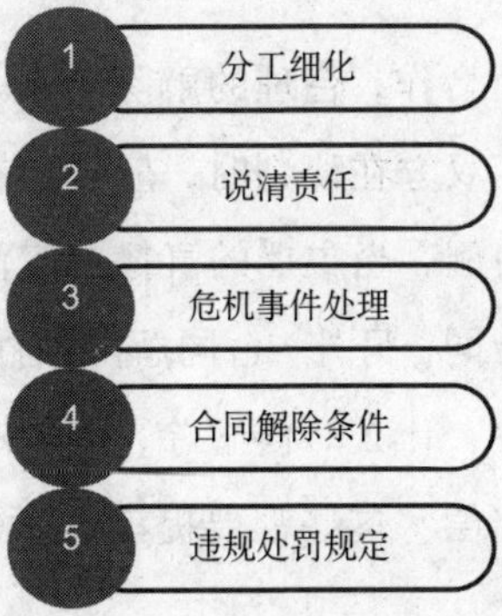

图 5-10 设置捆绑性协议的要点

1. 分工细化

直播平台在与经纪公司谈判时，一定要提前做好分工，以便日后能够各司其职。即使是一些看似很琐碎的问题，双方也一定要事先明确，以免日后发生分歧。

2. 说清责任

在谈判初期，双方说清责任，以免在后期出现问题时，相互推卸责任。只有这样，以后才能既不浪费资源，也能提高工作效率。当然，在各方各自出力的时候还要保持经常性的沟通，这并不仅仅是为了责任，而是要让双方对日后的发展有完整清晰的概念。

3. 危机事件处理

当双方合作出现大事件时，都应有第一责任人、第二责任人和第三责任人。第一责任人负责对大事件的全局把握，第二责任人和第三责任人负责各阶段的全部事宜。

4. 合同解除条件

直播平台与经纪公司合作，合理的解除机制是必不可少的，其目的是不把矛盾扩大化。因此，双方在谈判时，应规定在一定条件下，一方有权解除合同。以直播平台为例，当主播的直播内容涉及违法犯罪时，直播平台有权与经纪公司解除合同。另外，合同解除条件应体现在合同中，比如，一方可在什么情况下解除，什么时候解除，解除时投入与解除的比例，以及怎样补偿，是谁承担赔偿？这些都要提前做好书面说明。

5. 违规处罚规定

在谈判时，直播平台要明确处罚规定，当经纪公司违约时，要支付高额赔偿，这样能约束对方不轻易违反合同规定。例如，当某主播爆红之后，经纪公司一旦提出解约，将给平台带来名誉和经济上的双重损害。因此，一旦一方违约，对另一方的赔付标准不宜过低，赔付额必须高于所带来的损失额。

另外，直播平台最好与经纪公司、主播签订三方协议，将三方的利益和风险捆绑在一起，这样才能取得谈判的最佳效果。

5.4.2 适当让利，让合作更持久

经纪公司手握大量有价值的主播，而且还有一套完整培养主播的体系，因此，与这些公司合作，比自己亲手打造主播要容易很多。

现在很多直播平台都愿意与经纪公司合作，这样经纪公司就有了很多

选择的余地，如果直播平台这时开的条件太苛刻，那么很容易使谈判崩溃。要知道，现在已经不是直播平台说了算的时代了。虽然之前经纪公司以公会的形式出现，由于很多公会管理不正规，给外界留下了不好的印象，当时没有太多的优势。而如今，随着经纪公司的出现，公会的管理越来越公司化，外界对它们的印象有了很大改观，因此，它们的话语权也随之提升。

经纪公司在与直播平台谈判时，如果它们觉得自己获得的利益少，很快就会转舵。毕竟主播跳槽与直播平台挖角早已不是新鲜事了。

另外，经纪公司也有来自主播的压力。由经纪公司培养的主播在进入直播平台之前，很多都没有名气，或者名气很小，一旦他们在经纪公司和平台打造之后，变得大红大紫之时，他们就会产生很多想法，这时他们便与经纪公司谈条件，经纪公司的收益变少之后，他们就会与直播平台谈条件，直播平台如果不让步，经纪公司可能会解约，或者合同到期之后不再与该平台合作。

因此，平台为了避免上述情况的发生，在签约时，在保证自己有利可图的情况下，向经纪公司适当让利，这样的合作才能更持久。否则，很可能会出现解约或者跳槽的情况。知名主播一旦解约或跳槽，不仅会让平台的声誉受损，而且还会失去很多人气，这样就真的得不偿失了。

5.5 签约主播的收入来源

前面说过，主播一个人单枪匹马作战是很难发展起来的，毕竟像 papi 酱这样依靠自己视频制作才能成为网络达人的例子不多。现在我们能够在直播平台上看到的热门主播，都需要保持长期的曝光量维持自己的影响力。所以，那些背后有公会、经纪公司管理的签约主播会比单枪匹马的主播获得更多的资源，可以更高效地利用时间。经纪公司还可以通过严密的组织、完善的管理、相互之间的扶持让越来越多有潜力的网络达人迅速成长。

当签约主播孵化成功之后，他们会积累一定数量的粉丝，成为网络达人，这时经纪公司会将这些主播投放到一些周边产业，比如和时尚品牌合作推出限量产品，定做一些“美女游戏”植入网络达人的视频和照片，邀请各领域导师开发网络达人培训课程等，这些是网络达人经济变现的主攻方向。

很多签约主播的变现会涉及包装、策划、后勤、合作等各个环节的联动支持，这些都离不开公会、经纪公司的支撑，在它们的包装和打造下，签约主播会获得很多经济效益，那么在这些经济效益下，他们能获得哪些收入呢？

主播收入除了虚拟道具的分成外，还有平台签约底薪、外出接广告分成和参与商业活动分成等。一家直播平台的负责人透露：“当红的韩国女主播年收入都在百万元人民币以上，加上千万元级别的签约费，她们的收入比韩国本地的一些艺人，只高不低。”总的来说，签约主播的工资是底薪+礼物提成+广告提成+奖金+其他提成。

5.5.1 签约底薪

新主播和小主播都想要保障。为了吸引主播加入，不论是直播平台，还是公会、经纪公司，在与主播签订合同时，都会事先约定底薪。不过，它们一般都会签订保密协议，具体工资不知。在网上经常会看到“某主播，月入百万”的弹幕。当然，年入千万元的主播确实存在。可见，这些主播们的签约底薪肯定不低。

假设花椒直播每日开播的主播数量在 2 万～3 万，其正式签约的主播数量仅有 1500 个。如果这 1500 个签约主播每月的底薪平均为 5000 元，那么花椒直播每月在支付主播底薪这一块，就高达 750 万元，这项支出对直播平台、公会、经纪公司来说，都不是一个小数目。

不过，世界上没有免费的午餐和天上掉馅饼的好事，有付出，才有回报。主播要想拿底薪，必须在完成任务的前提下才行。平台不可能在没有任务的情况下，还给主播发底薪。话虽这样说，直播平台要把工作内容和工作量在与主播签约的合同中体现出来。

有一则消息称，因为某主播表现不佳，某直播平台没有发给他应有的工资，这让该主播很不爽，便在网上公布合同细节，还扬言要状告该直播平台。如果发生了这样的事情，肯定会给平台的声誉带来不好的影响。

因此，为了避免上述情况发生，直播平台在与主播签订合同前，应事先约定主播在完成什么样的工作任务时，才能拿签约底薪。比如，主播必须在什么时间内直播，每个月直播次数是多少，直播时间是多少，这些都要事先约定。这样才不会让那些想拿底薪和混底薪的主播钻空子。

直播平台为了激励主播，签约底薪最好与主播的收入成正比，收入高的主播底薪高，收入低的主播底薪低，这样使得收入低的主播不得不努力工作提高收入，或者直接退出行业，使得实力较差、粉丝较少的主播数量减少，也降低了经纪公司的成本。

5.5.2 土豪打赏

映客上有一个主播“SUNLIKE”，她以一个才女的形象出现在观众面前。截至 2017 年 4 月，SUNLIKE 的月收入稳定在 20 万元左右，映客粉丝达到 79.8 万人。这些网络达人主播收入的主要来源是礼物打赏。

据统计，直播平台礼物打赏的收入呈 9∶1 分化状态，也就是占 10%不到的土豪们贡献了 90%以上的收入，所以优秀的主播一定会精心维护那些金主，只要把他们“哄”开心了，才可以保证收入。

土豪们一掷千金的目的不尽相同，有的是因为纯粹喜欢某个主播，愿意为之挥金如土；也有的是为了占据不少热门主播的榜首，以满足自己的虚荣心；还有的是带有明显的商业目的，和主播联合一起做活动。比如，映客土豪榜单上有一名为“林言-高服帅”的土豪，他是高服帅男装的董事长，还有一个名为“老王”的土豪，他是美丽誓颜的董事长，像“林言-高服帅”“老王”这样的土豪，他们均来自服饰、美妆一类的公司，冲榜很大程度上是为了给自己的品牌做广告，从而产生商业价值。表 5-1 为 2017 年斗鱼 TV 上几位土豪的级别，级别越高，消费越多。

表 5-1

土豪人物名称	斗鱼 TV 级别
观觉 8、观心 8、观悟 8（同一个人）	120（满级）
南派倒斗、牛总	115
混一哈	108
肆爷他很忙	100

直播平台会对土豪们的消费进行罗列，点开人气主播的主页，其中央位置有一个粉丝贡献榜，榜单的排名顺序是根据粉丝所送礼物的价值总和排列的，直播行业讲究榜一和冲榜，很多土豪们为了达到某个喜欢的直播的榜一，纷纷甩下重金。因此，直播平台应抓住土豪们冲榜一的这种心理，让主播获得更多土豪的关注。

5.5.3 广告收入及其他变现渠道

主播的收入来源之一是广告分成。目前，很多广告公司都开始与直播平台合作做直播广告。例如，菲鼎传媒文化公司已经与花椒直播、映客、斗鱼 TV、熊猫直播、YY LIVE 等主流直播平台展开深度合作。当然，很多拥有众多粉丝的主播是广告公司、品牌商以及各企业选择合作的主要对象。于是，在知名主播的直播间插入广告成为现在流行的营销方式之一。

现在主播的直播间广告类型如图 5-11 所示。

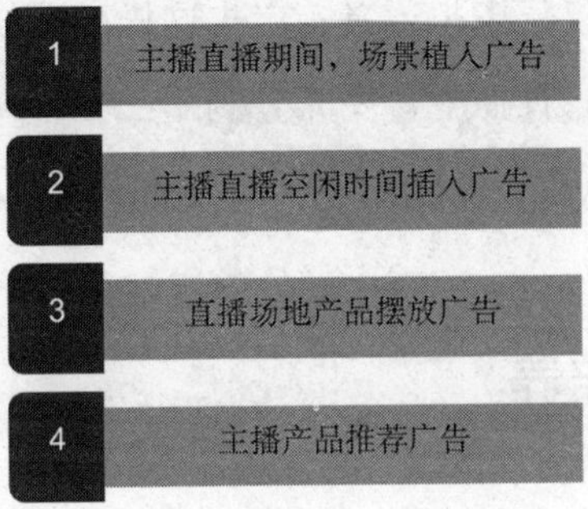

图 5-11　直播间的广告类型

主播为观众直播，观众为自己喜欢的主播送礼，或者利用广告获得收入，这种商业模式在直播行业中已经是老掉牙模式了。如果直播平台还专注于这种商业模式，那说明这个直播平台已经跟不上直播行业的发展了。专门培养艺人的艾企锐经纪公司正在做战略调整，基于粉丝经济拓展新的商业模式。

艾企锐旗下的经纪公司中樱桃品牌创始人张展豪说："中樱桃艺人李麦文与金书漫的首支单曲《我爱熬夜》现在已向全网发布，这支单曲的 MV 便是利用粉丝众筹的方式实现的。"中樱桃这样的做法既提高了粉丝的忠诚度与艺人知名度，也为主播粉丝经济开发出了一条新渠道。

据相关人士称，中樱桃下一步的计划是利用知名主播的粉丝黏性，进军电商行业。它将通过旗下的美女艺人主播开设淘宝店铺、利用知名度进行产品推广，从而将百万粉丝转化为购买力。未来，中樱桃通过粉丝营销，除了销售主播的周边产品，还可以利用主播的名气销售其他产品。据分析，中樱桃能够通过粉丝营销达到占领市场的目的，按照平均利润率 45%估算，如果成功，仅电商一项，其年营收就可过亿元。

毕竟现在优秀主播对签约费、签约底薪及收入分成的要求越来越高。比如，安德罗妮夫妇以一亿元签约虎牙直播，创造了炉石主播身价记录。直播平台想要发展，仅凭虚拟道具、广告这样的传统变现模式早已支撑不了平台的发展，因此，直播平台要充分利用主播带来的粉丝经济，拓展新的业务，增加变现渠道。

5.6 主播团队培养

如今，主播争夺战已经打响，各直播平台批量化生产网络达人不是什么新鲜事了。其实早在 2007 年，全球最大的视频网站 Youtube 就推出了 Youtube Partners 栏目，其模式等于现在优酷上的自媒体生产视频，和优酷进行流量分成。当时，Youtube 占 55%，内容生产者占 45%。随后，美国就冒出了一批内容创作者，建立自己的频道，寻求自己的影响力，正是在这样的环境下美国第一批网络达人诞生了。当时美国的网络达人凭自己在 Youtube 上的曝光度和自身光环，展开了影响者营销（Infuencer Marketing），即帮助产品做广告，这便构成了最早的网络达人经济。

美国在当时出现了一些网络达人经纪公司，为网络达人们提供资金、道具、办公场所进行内容创作，甚至还帮助网络达人们展开营销和渠道探索，从而帮助他们完成内容创作，并持续不断地创造内容。

网络达人经纪公司批量化生产网络达人这种模式传到中国之后，许多人也做了诸多尝试。例如，papi 酱自走红之后，papi 酱团队就称要正式组建 papitube，批量化生产 papi 酱。其中，国内最大的直播经纪公司 MJ 娱乐比较有代表性。MJ 娱乐除了通过常规的造星手段打造网络达人外，还做了图 5-12 所示的尝试。

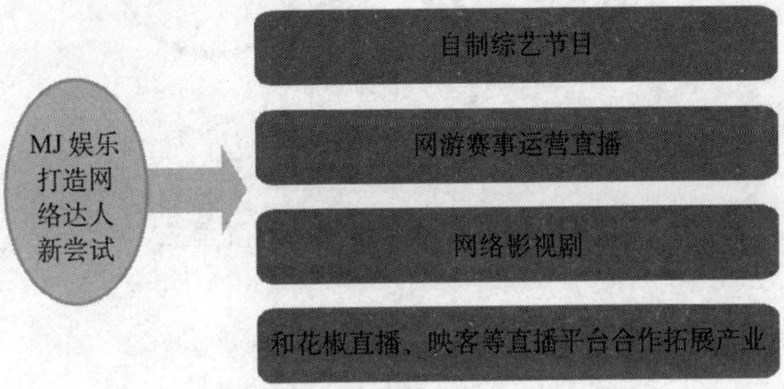

图 5-12 MJ 娱乐打造网络达人新尝试

除了 MJ 娱乐外，互联网行业知名自媒体丁辰灵等都已经投入制造网络达人的大产业之中。如今，国内已经有多个通过工业化生产的方式制造“网络达人工厂”。一个 papi 酱的单条视频贴片广告价值就已经达到了 2200 万元，一群小 papi 酱虽然很难复制 papi 酱的成功，但其背后的价值却是无法忽视的。这也是为什么越来越多的平台开始注重主播团队的培养。

5.6.1 如何教主播布置房间

主播在直播时，通常选择的直播场地是房间，而主播的房间背景、房间装饰、房间设计、房间布置等都能影响直播的视觉效果，从而也会影响主播的收益。因此，直播平台在培养主播时，应让他们学会如何合理布置自己的直播房间。

1．直播房间是卧室

卧室直播间的布置要点如图 5-13 所示。

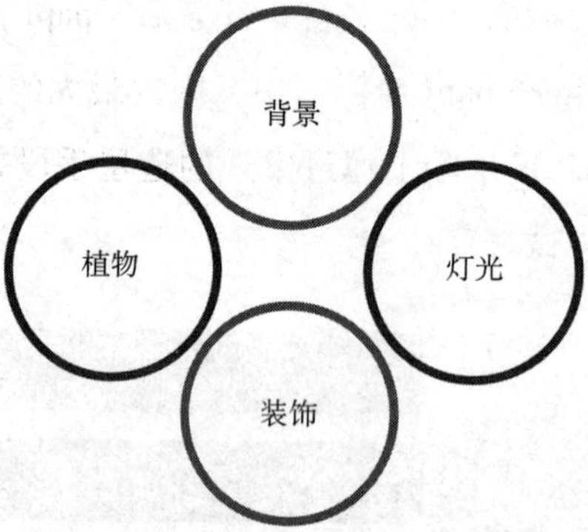

图 5-13　卧室直播间的布置要点

1）背景

对卧室直播间的布置应以简约、温和为主。尤其对美女主播来说，这样的风格更吸引粉丝，容易获得更多关注。

2）灯光

灯光对房间的装饰来说非常重要，不同的灯光能为房间带来不同的气氛，同时灯光也是构造视觉效果的重要因素。其中，红光与白光交互可以使视频效果充满活力，暖黄色的灯光能给网友温馨的感觉。

3）装饰

很多人都会对自己的卧室做一些装饰，特别是美女主播在卧室直播时，对房间装饰是必做的事。但是，房间一定要根据整体风格和空间装饰。

4）植物

在房间里放植物可以带来绿意和生机，还能调节室内环境。特别是美女主播，她们都会在房间里摆放一些仙人掌等盆景。

一般来说，很多女主播都喜欢在自己的卧室里面录视频直播，这里着重说一下女主播的卧室布置。女主播的卧室布置可以甜美一点，比如，选择淡色系，或者卡通的贴画等。女主播床上的摆设要干净整洁，让人看了舒服。在网络虚拟中，粉丝可以从细节看出主播生活中的样子，会让粉丝更安心。

2. 直播房间是其他房间

主播在其他房间直播时，这些房间应贴一些好看的墙纸，直播的椅子要显得高端大气一点。如果直播背景太空的话可以放张桌子，在桌上要摆放一盏欧式的台灯，或者一些可爱的玩偶，或者花花草草、小摆饰等。另外，直播背景还可以露出沙发、窗帘等。

总之，直播间要依据主播的风格布置，比如，“女神系”主播可以将直播间布置得清新优雅一些；“萌系”主播的直播间可以多利用卡通元素；“御姐型”主播的直播间要显得高端大气，让人能感受到“御姐”的气场。

5.6.2 如何用才艺留住土豪

在中国直播市场如火如荼之际，韩国女主播开始闯入中国市场，她们在中国直播间攻城拔寨，靠专业性打败业余主播，为了迎合中国观众的口味，除了劲歌热舞外的才能，她们还去学习古典音乐、诗词歌赋。所有的这一切，都是为了吸引中国观众。因此，中国主播面对韩国主播的强势来袭，应该加倍努力，不仅要靠美颜，更要靠才艺留住土豪。

现在中国女主播的数量是非常庞大的，仅在龙珠直播平台的美女频道上，一晚上直播的中国女主播就超过 200 名。面对如此庞大的竞争对手，韩国女主播许允美自感游刃有余，她说："我几乎没有感到竞争的压力。我会跳钢管舞，还会弹吉他、弹钢琴。"她还直言中国主播的软肋："确实有漂亮的，也有会跳舞的，但她们都太单一了。"

当然，许允美并非盲目自信，她长得漂亮，还多才多艺。在来中国之前，许允美曾在韩国接受过艺人培训，是韩国女子组合的成员，还出过单曲。韩国"造星工厂"的称号不是浪得虚名，艺人在出道前，都要经历 1~2 年的专业训练，训练内容包括形体、舞蹈、唱歌和社交方式。

在吸引观众方面，韩国主播比中国主播更努力。在韩国，许允美就备受韩国粉丝的关注，她所做的是颇具特色的户外直播，直播自己上街购物、逛公园，并以此与观众互动。但在中国，观众们对这一招似乎并不买账，除了语言问题外，许允美还发现"无论什么形式，中国观众似乎最喜欢的还是跳舞"。她开始通过舞蹈吸引中国观众，曾经还因为舞跳得太频繁，伤到了颈椎，住院两周。

为了向观众展示自己更多的才艺，许允美每天要花 3 个小时学习钢管舞和钢琴："就连洗澡的时候，都在看中国的电视连续剧，学习中文。"可见，韩国主播为了用才艺留住人气，付出了很多常人难以想象的努力。

当然，许允美背后还有一个推手，那就是韩国一家经纪公司负责开拓中国市场的代表张森。为了更好地了解中国观众，张森专门成立一支由 7 人组成的调研团队，负责调查研究中国观众对女性喜好的变化。

据调研后发现，中国"宅男"观众更喜欢"二次元"（动漫角色）中的女性。于是，张森给每位主播都配备了 cosplay 服装。在一次万圣节直播中，张森所带的主播阿英 cos（装扮）成为一名女警，一举收获 20 万次的播放量。因此，了解观众的喜好是主播留住人气的必胜法宝。

如今，直播间就像一块价值潜力巨大的蛋糕。为了瓜分这块蛋糕，直播平台上的众多主播就像进了一个残酷的战场，他们的容貌、舞姿、声音，甚至游戏水平，都成为优胜劣汰的筹码。因此，直播平台只有培养出一个集十八般武艺于一身的狼性主播团队，才能在残酷的竞争中脱颖而出。

6

内容为王，直播平台不只是美女经济

现在的网络直播平台非常多，想要从众多直播平台中出头，靠的不再是种类繁多的名目，而是所提供的内容本身，因此平台必须在内容创新上多下功夫。例如，YY LIVE与广发证券等多家金融机构达成合作，于2015年推出财经直播品牌知牛财经，为用户提供专业的财经视频内容；花椒直播则通过明星和网络达人的线上直播，展现他们的真性情，让粉丝与他们互动交流；天鸽互动打出了多对多的“家族”互动模式，同时引进国际内容。对此，天鸽互动CEO傅政军说：“未来能在视频直播行业生存下来的，一定是具有特色内容的平台。”网络直播作为一种新的社交手段，未来的主要发展方向：持续创造优质内容，营造场景化的社交体验。

6.1 有价值的直播内容远胜眼球效应

网络直播在众多互联网直播平台的推动下，早已成为大众娱乐的家常便饭，人们做饭要直播、唱歌要直播、跳舞要直播，甚至睡觉也要直播。人们把手机当作移动的摄像机和电视，而直播平台则凭借五花八门的内容化身为互联网时代的“Mini 电视台”。

在直播 1.0 时代，“颜值”是直播平台吸睛的不二法门。这些帅哥、美女们大多草根出身，只需要在直播平台上，聊天互动、唱歌跳舞就可以持续获得粉丝们的关注，其走红有可能是像 papi 酱一样凭借自己的力量，但是大部分人还是依靠具有经纪人团体公司的支撑赚得盆满钵满。

自 papi 酱成功融资并拍卖后，新一批网络达人涌入直播行业，这些网络达人已经不局限于高颜值、搞笑逗乐，而是趋向于技能型的直播，比如教化妆、教跳舞、教做菜……如今，直播内容决定用户聚集程度，仅凭“眼球效应”赚取关注已经很难实现了。

5.2.3 节提到过来疯直播通过 WOD 中国赛区总决赛的直播，引入很多流量，这里主要从该直播的内容分析。

在此之前，美拍通过 WOD 中国赛区总决赛的直播，吸引超过 45 万个在线网友收看，收获近 8 万条评论和 1100 万个点赞，而来疯直播则对比赛全程进行直播。3 月 12 日开赛的华南赛区决赛，是来疯直播对 WOD 的首播，开播瞬间，近百万人同时在线围观这次舞蹈盛宴，线下线上双重火爆。

来疯直播不仅依靠直播节目提升观众的新鲜感，而且还给观众提供了具有更强参与感的创新玩法。比如，在某次舞蹈比赛直播中，直播用户的投票、送礼物以及和选手的互动，都会在一定程度上提升参赛舞团的名次。在这次直播中总投票位于前三名的舞团还能获得主办方送出的神秘大礼包，其中，获得“来疯网友喜爱的舞团”冠军的舞团可以直接晋级中国区总决赛。

不仅如此，比赛选手的粉丝还可以通过来疯直播 App 助力选手获得下一场比赛出场顺序的选择权，这对选手来说，有着极大的优势。其实，观众到平台用户的转变意味着将会有更多的 PUGC 被开发出来，毕竟观看实时直播时的身临其境感是录播节目所无法比拟的。

来疯直播的这种玩法让用户获得了很强的参与感和决定权，在决赛直播快结束时，很多用户纷纷直呼比赛时间太短，表示还没看过瘾。

现在直播内容已经走向垂直化、分众化。主播的高颜值只能算是直播内容当中的加分项，如果一个主播不仅讲的内容吸引人，而且还长得很好，这无疑为观众增加了一个观看其直播的砝码。以 papi 酱为例，类似的玩法此前 Mike 隋、东北小张都曾做过，但他们最后都因为内容生产跟不上而湮灭，而 papi 酱之所以能崛起，是因为她能保证每周更新一期且质量过硬，这也是她能够在众多网络达人中脱颖而出，并获得亿元估值的重要因素。

直播大战早已全面打响，平台要进行技术比拼、资本角逐、主播争抢和流量博弈，其中，主播是最主要的因素，为各平台所重视，但一个主播想要持续红下去，就要持续性的输出有价值的内容，这样才可以在竞争激烈的直播大战中保持活力，收入长青。

6.2 专业性

目前，专业化、定制化的直播内容引起各主流直播平台的高度重视。映客创始人兼 CEO 奉佑生表示，丰富性、深度性和品质性的内容将更加吸引用户。

据业内人士称，直播平台完美的内容生产模式如图 6-1 所示。

图 6-1　直播平台内容生产模式三层次

UGC 是底层，PUGC 是核心层，PGC 构成了顶层，专业化、定制化将成为直播平台的重要方向。

YY LIVE 作为直播领域的龙头平台，一直致力于为观众提供更广泛、更多元化的直播内容。根据这一定位，YY LIVE 与广发证券等多家金融机构达成合作，推出财经直播品牌知牛财经，聚集国内一流的股市操盘手、实战专家，打造股票达人直播互动平台，让炒股高手教人们怎么炒股。知牛财经直播内容的特色如图 6-2 所示。

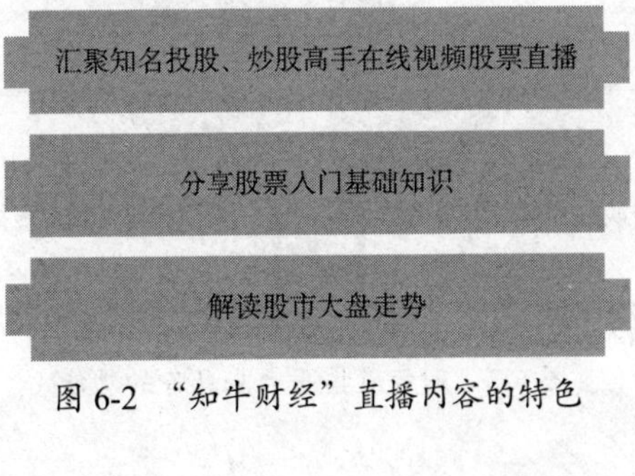

图 6-2 “知牛财经”直播内容的特色

知牛财经项目负责人莫文刚说："在此前 YY LIVE 的生态中，除了娱乐和游戏外，也有一个财经类的社群前期聚集了一大批投资顾问和投资达人，他们以视频直播的形式，向股民提供股市讲解、技术解盘、投资策略等知识分享。"可见，直播平台把财经类的直播进行品牌独立是一件自然而然的事情。

视频直播涉及的领域越来越广，财经领域类的直播平台也很多。其中，疯牛直播是财经直播平台的典范。例如，英大证券研究所所长李大霄曾在疯牛直播平台的《股市大咖秀》直播节目中讲述"婴儿底"逻辑，直播期间收获了大量"鲜花""掌声"等虚拟道具；财经人士蔡钧毅打造的《炒股有蔡》脱口秀课程十分火爆……

疯牛直播创始人杨冬说："国内财经领域，99%以上的新闻或自媒体内容都是文字类，优质的财经视频内容不到 1%，存在巨大市场潜力。"一个优质的财经视频平台，应该充分挖掘有潜力、有特色的财经 IP，为用户提供多样化的泛财经视频内容。杨冬还认为，在直播场景方面，财经直播平台应该做到图 6-3 所示的四点。

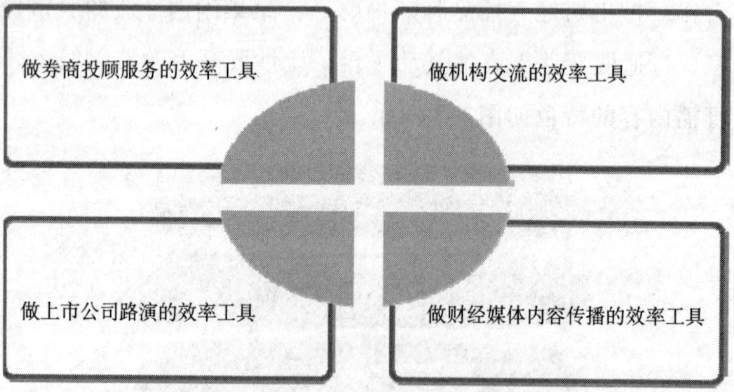

图 6-3　财经直播平台应具备的功能

直播是一个信息传递和内容消费的过程，相对于“喊麦”、逗笑的纯娱乐直播内容，财经内容因为其专业性，在一问世便引得行业特别是资本市场关注。未来的直播内容肯定会更加细分，吸引更多的专业人才，以满足用户的特定需求。

另外，YY LIVE 为了加强多元化直播内容的生态布局，制订了直播合作计划。华策影视、芒果娱乐、PPTV、ICC 赛事等携手 YY LIVE 公布了众多合作内容。对于实施此次合作计划的原因，YY LIVE 相关负责人表示，面对激烈的市场竞争，内容生态将决定胜负，直播平台需要依靠专业性的优质直播内容破局。

6.3 趣味性

直播内容有料很重要，但是更要有味道。湖南卫视某位著名主持人的主持风格以搞笑有趣为主，斩获了大量粉丝。该主持人在 2017 年微博粉丝突破 9000 万个，为了回报粉丝，2017 年 2 月 16 日，该主持人在新浪微博一直播上发起直播。该次直播时长仅为半个多小时，期间该主持人从容地回答来自网友的各种奇葩提问，而一次次机智、风趣的回答让直播气氛高潮迭起。这次直播累计观看 8755 万次，点赞数量超过 4900 万次，获得 26 万条评论，期间还因为观看人数过多而导致有网友被挤下线。

该主持人在这次直播中能够聚集那么多的人气，最主要的原因在于直播内容趣味性强，有料更有味。刚开始，该主持人绑着清新丸子头素颜出镜，让粉丝们都看到了她的“真面目”。该主持人还在直播中分享如何通过丸子头制造出卷发的效果，这可是广大女性粉丝的一大福利。该主持人还对一些粉丝的提问逐一做了搞笑点评，让直播气氛更为浓烈。该主持人虽然人气高涨，但在整个直播过程中，她依然表现如常，不时地说出自己以往节目中的标志性语言，让网友们笑言调侃是不是在回放节目。

随着直播对内容要求越来越高，很多直播平台都会想方设法提升内容质量。例如，斗鱼 TV 将综艺节目带上了新高度。斗鱼 TV 打造了首个直播真人秀类综艺节目——《鱼乐星之旅》，在常州中华恐龙城激情上演，开创了“直播+综艺”这类户外真人秀类栏目的先河，在斗鱼 TV 平台上取得了热烈反响。

斗鱼 TV 在真人秀类综艺节目《鱼乐星之旅》中，派遣 12 位人气主播及嘉宾，让他们在恐龙城内像“奔跑吧兄弟”一样展开激烈的分组对抗游戏。首日直播的最高观看人数达 80 万，平均每天在线人数达 50 万。可见，直播类真人秀类节目所拥有的市场潜力是巨大的。

对综艺节目来说，为了提升节目的趣味性，其最常用的方式是将多种不同的元素混搭，比如明星搭配主题乐园、都市风搭配古装剧等。此次真人秀与火爆直播平台的结合是一种非常巧妙的融合，这种混搭给节目带来更多的趣味性。

斗鱼 TV 通过“直播+综艺”这种形式，瞬间擦出了火花，产生了一条全新的直播内容形态。另外，斗鱼 TV 充分利用直播平台弹幕的互动性优势，让观众对两组嘉宾的表现实时评价和指导，这不仅让活动项目的趣味性更高，甚至还影响最终的比赛结果，让该节目升华成一场真正有几十万人参与的线上线下活动。

内容决定直播平台的未来。在直播领域，斗鱼 TV 不仅是行业的领头羊，而且还是最早实施“泛娱乐化”发展战略的直播平台。多样性发展的斗鱼 TV 平台内容，让用户能够在平台上得以沉淀。当用户的多样性需求得到进一步满足时，就好比微信除了聊天，还有交友、购物、游戏等功能。同样，斗鱼 TV 也通过对各种趣味性内容的拓展，让用户找到在直播平台上驻留的理由。总之，像斗鱼 TV 这样奉行的内容打造和泛娱乐战略必将决定直播行业的未来。

6.4 互动性

国内直播之所以火爆主要在于投入直播的用户和主播们的疯狂参与。高质量的互动玩法使用户和主播对直播平台的依赖性变强，因此，主播会投入大量时间，用户会为主播送礼花掉大量金钱。下面是 6 种直播中常见的互动玩法，其内容如图 6-4 所示。

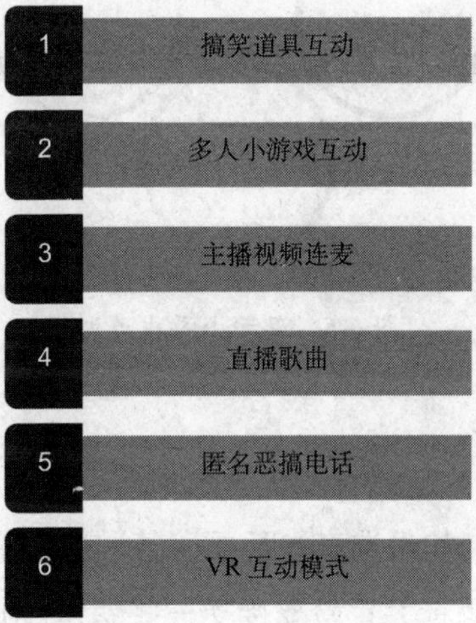

图 6-4 互动游戏

1. 搞笑道具互动

每个直播平台上都会有很多有趣的虚拟道具，比如，跑车、飞机、游轮、钻戒、挖掘机、小黄瓜、萌哭、给跪、么么哒等。用户通过给主播送礼物的方式，表达自己的情感、想法，这是直播平台上常见的互动方式。

2. 多人小游戏互动

在直播期间，用户除了向主播提问、闲聊、看“秀”外，还可以一起玩很多互动小游戏，其游戏类型如图 6-5 所示。这些游戏都是多人参与，有奖也有罚。一般情况下，主播输了要接受用户提出的惩罚，用户输了要给主播送礼物。

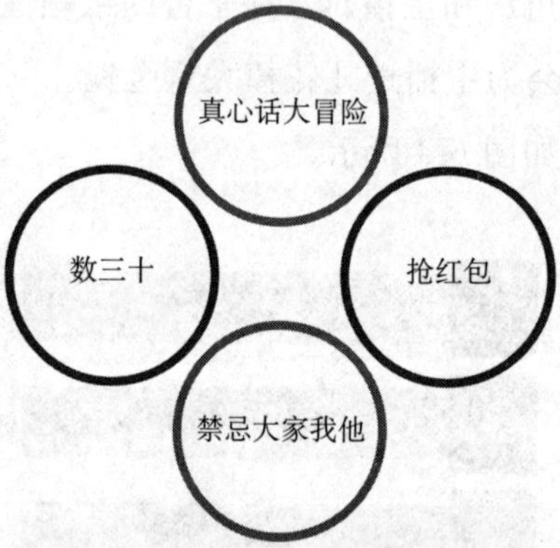

图 6-5 互动小游戏类型

1）真心话大冒险

主播玩游戏输了，如果选真心话要回答一些偏隐私的问题，比如感情经历、性取向等；如果选大冒险要接受一些惩罚性游戏，比如做俯卧撑，原地转十圈、当场画花脸、卸妆等。

2）抢红包

为了增加用户的黏性，主播或者主播的朋友、场控都会给直播间所有用户发随机红包，但红包不是现金，而是充值兑换的虚拟币。目前，花椒直播、映客设计了发红包功能。

3）禁忌大家我他

禁忌大家我他游戏是两个连麦主播在100秒对话期间，不能说出“大家（ni）、我（wo）、他（ta）”，发言不能低于5个字，禁止答非所问，也不能重复说一句话或一个词。输的一方会受相应的惩罚，这种游戏在YY LIVE上比较流行。

4）数三十

数三十是用户和主播一起玩的游戏，规则很简单，就是数数，从1数到30，一人一次轮着来，一个人每次可以数1～3个数，先数到30的人输，将会得到惩罚，直播时用户在评论区打字，主播口头回复。

3. 主播视频连麦

主播视频连麦是指两个主播连线互动，可以互相逗乐、合唱或者玩游戏，在玩游戏时会决出输赢，输的一方会受到一些惩罚。目前YY LIVE、映客、小米直播等上线了连麦功能。

4. 直播歌曲

直播歌曲通常会采取喊麦、卖萌等方式活跃直播间，娱乐观众。喊麦是以说唱的形式主持，歌词基本是对句的形式，能够押韵，朗朗上口；卖萌是主播通常会模仿幼儿唱歌口齿不清、气息不稳、节奏不齐的特点，然后再配合一些卖萌表情。在选曲方面，都是一些耳熟能详的儿歌，比如《捉泥鳅》《小跳蛙》《大王叫我来巡山》《小苹果》《小鸡小鸡》等。

5. 匿名恶搞电话

匿名恶搞电话是主播随机选一个陌生号码打电话，用一些像“我还在读书，周围的姐妹都在开直播赚钱，我也想开一个赚点零花钱……大家能不能来我的直播间支持下我？”等聊天“套路”引电话那头的人进直播间，或者以答应主播某个事为结束。直播间的围观用户会因为很好奇结果而长时间停留，同时可以向主播提出建议，参与恶搞，让直播间热闹非凡。

6. VR 互动模式

随着技术的发展，视频用户的要求越来越高，他们开始追求更高的视觉体验，以前游戏和电影通过 3D 技术实现视觉立体感，现在则通过 VR 技术让用户体验更加真实的虚拟场景。比如，花椒直播打造 VR 直播，用户戴上 VR 设备后，可以看到立体的直播内容，感受 360° 的全景体验，进一步打破人与人之间的空间壁垒，用户可以与明星、主播“零距离”沟通，彻底颠覆了用户的视觉体验。

现在直播平台除了采取以上 6 种互动性内容外，有些平台还设计了人脸识别功能，为用户添加动画素材在脸上的卖萌交友软件，让主播“变身”美少女战士、印第安少女、猫女郎等，这样的直播内容引起了众多网友的关注。

7

如何吸引垂直领域的第一批种子用户

直播平台的内容趋向垂直化发展，推广难度与种子用户定位的精准度是成反比的，即用户定位越准确，推广难度就越低。直播平台在早期应该对某一个特定群体做准确定位，在推广的时候可以去这类群体的聚集地找这批用户。比如，某直播平台专注于做垂直社区类内容，这类平台最好的吸粉方式是通过贴吧、豆瓣小组、某些论坛以及线下活动引流。总之，为了吸引垂直领域的第一批种子用户，借助各网络媒体、社交媒体、软文、线下互动等方式引流是直播平台必须要做的事。

7.1 策略：造势不如借势

诸葛亮巧借东风，让周瑜创造了中国军事史上以弱胜强的神话。蒙牛乳业借“神五”载人飞船的东风，将自己与航天事业挂钩打造出“航天专用品牌”。李宁借2008年北京奥运会的东风，达到了事业的巅峰……可见，无论是做事还是营销，巧妙借助一股“东风”能助大家取得辉煌的成绩。

直播市场的火爆也吸引了陌陌的强势加入。2017年，陌陌第三季度的净营收达到3.545亿美元，同比增长126%。截至2017年9月，陌陌月度活跃用户数为9440万，2016年同期陌陌月度活跃用户数为7740万。其中，直播服务营收是该季财报中最亮眼的营收，仅直播这一项业务就为陌陌该季营收贡献3.026亿美元，是第一大营收项目。陌陌的直播服务营收迅猛增长不是没有原因的，它曾经为了掀起自制音乐直播的狂潮，进行了一次借势引流。陌陌曾经邀请知名音乐总监梁翘柏加入陌陌视频部，担任陌陌现场首席内容官，全程把控节目内容。梁翘柏在音乐圈里声望颇高，他从1983年开始便在香港组建乐队，1985年与其他4位音乐人组建乐队“浮世绘”，并成为“浮世绘”的灵魂人物。2001年，他为王菲打造专辑《王菲2001》，为其谱曲、编曲及监制。2007年，他为北京奥运会创作歌曲《梦想在望》。2010年年底，他担任王菲复出演唱会音乐总监。2013年，他更是因为参与湖南卫视《我是歌手》栏目被大众熟知。此后，他还担任了《中国最强音》的音乐总监，被中国各大电视台争相邀请。

梁翘柏的加入不仅提高了陌陌自制直播的专业化程度，他还依靠其名声吸引众多音乐人、歌迷、粉丝加入。刚加入陌陌不久，梁翘柏就邀请Mr.Miss组合召开了现场直播演唱会。在公测期间，任贤齐、旅行团、好妹妹乐队等歌手和乐队组合均来到陌陌现场，为陌陌造势。当时，陌陌在梁翘柏的带领下，以粉丝发弹幕、赠送虚拟礼物的方式，给音乐人做了一场线上直播的“演唱会”。

通常来说，造势很难，但借势相对来说要容易很多。比如，借名人、专家的势等。名人、专家自带粉丝，通过借势能很快地把他们自带的粉丝和慕名而来的粉丝引进直播平台。概括来说，直播平台借势引流的渠道如图 7-1 所示。

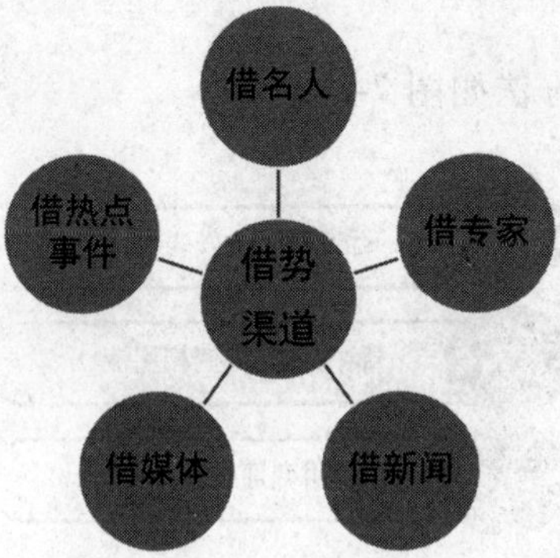

图 7-1 借势渠道

当然，除了以上借势渠道外，凡是能借助某渠道做营销引起人们关注的方法，都可以用来借势。借势引流操作简单、见效快，是目前比较有效的方法之一。

7.2 百度系、腾讯系、新浪系引流

引流离不开百度系、腾讯系和新浪系这三类推广平台，其中百度系主要包括贴吧、论坛，腾讯系主要包括微信群、公众号，新浪系主要包括微博、博客。

7.2.1 贴吧、论坛引流

不断地吸引粉丝是一个直播平台做推广不变的任务。在吸引粉丝的时候，不少人会想到贴吧、论坛等地方，因为这是人气聚集的五方杂地，可以在这些平台上写软文吸引粉丝的关注。

1. 百度贴吧引流

百度贴吧引流的方法如图 7-2 所示。

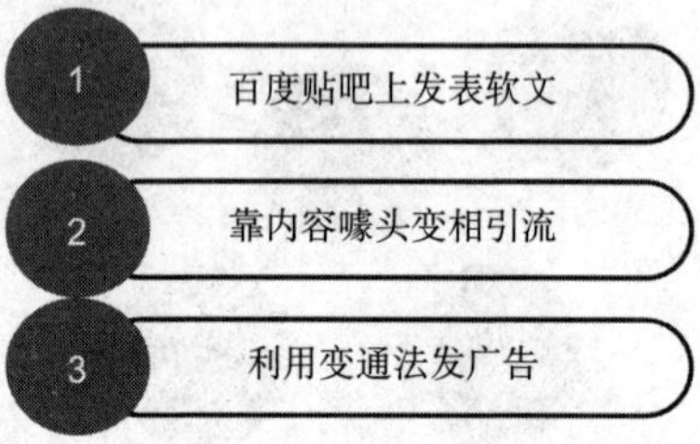

图 7-2 百度贴吧引流方法

1）百度贴吧上发表软文

在百度贴吧上发表软文是一个比较好的吸粉方法，可以撰写高质量的直播帖，等帖子有一定的知名度后，再去加上直播的广告或链接。

2）靠内容噱头变相引流

我曾经在贴吧看到一则“免费赠送泰迪宝宝，找个有爱心的女性朋友领养”的帖子，泰迪狗这么贵怎么可能随便送人呢？其实这就是一个诱饵，凭借这样一个简单的帖子，发帖人的两个微信号在 13 天内新增了近 8000 个微信好友，这种帖子正是采用了“变相引流术”。发帖人以“免费赠送泰迪宝宝”为噱头，变相地让大量喜欢狗的粉丝加其微信，以此达到引流的目的。靠内容噱头做变相引流的方式，更容易吸引女性粉丝的关注。

3）利用变通法发广告

平台禁止发布广告，如果需要发布宣传类信息可以通过软文或提问的形式发布。

2. 论坛引流

在百度系中，论坛也是吸引粉丝的常去地。一般来说，论坛吸引粉丝的方法如图 7-3 所示。

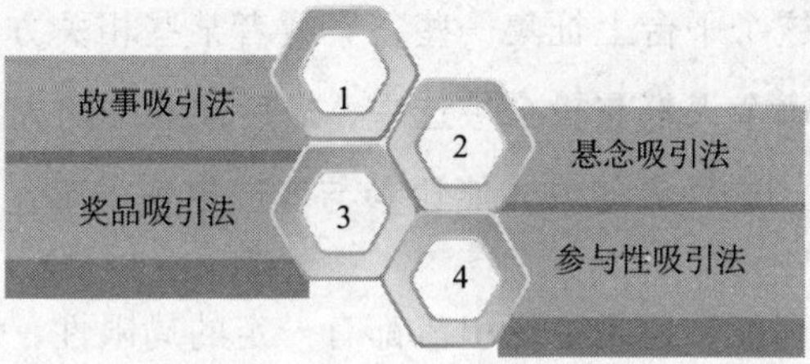

图 7-3 论坛吸引粉丝方法

1）故事吸引法

故事吸引法其实就是在论坛上讲故事，但必须重视故事的内容，无论是心灵鸡汤还是搞笑趣事，都必须让论坛用户感觉你的故事是有意思的。只有你的故事吸引了他，他才会注意到你，并关注你。

2）悬念吸引法

悬念吸引法顾名思义，就是制造悬念吸引论坛用户的点击。比如，在论坛上提问、出谜语或者智力测试，让受众竞猜，如果他们想知道问题的答案就必须关注你的账号。虽然这种做法有强迫性，但是如果你提出的东西吸引了受众，也能取得很好的效果。

3）奖品吸引法

很多人都希望自己拥有“天上掉馅饼”的运气，所以我们可以利用这种心理，在论坛上主办一些抽奖活动，并且很容易出效果。在设置奖品的时候，不要让人觉得奖品遥不可及，否则吸粉的效果会很差。

4）参与性吸引法

每个人都有想展现自己、被人关注的渴望。比如，你想让人们关注某个平台，可以在这个平台上征集一些答案或者某些相关方面的内容，在此项参与活动中，每个人都有机会被选中，最后被选中的人将会获得平台的展示并且提名等，这种参与方式能让参与者产生荣誉感。

无论是贴吧引流，还是论坛引流都有一定的局限性，一方面用户对这种带有广告性质的帖子天生反感，效果有限；另一方面，广告过硬会导致百度官方对账号的封杀。

7.2.2 微信群、公众号引流

微信营销并不是发朋友圈、群发小广告这么简单，而是通过微信群、公众号推广引流。

1. 微信群引流

微信群引流具有转化率高、爆发力强、用户垂直、目标精准以及可直接推名片关注等优点。针对微信群的这些特点，下面介绍微信群引流的几种方法，其内容如图 7-4 所示。

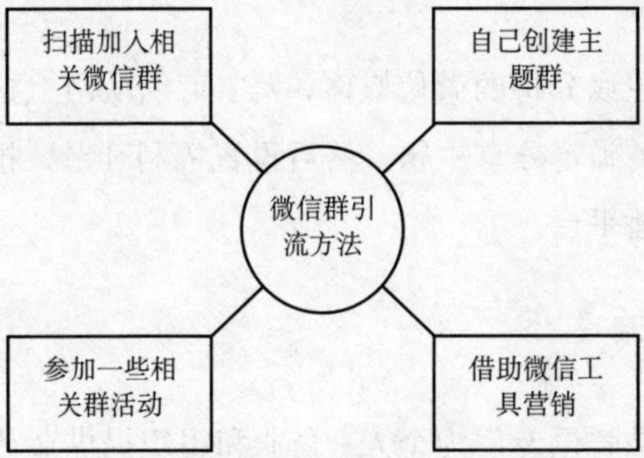

图 7-4　微信群引流方法

1）扫描加入相关微信群

在搜索引擎中搜索相关微信群，并找到与直播平台相关的微信群与群主联系加群。在群里可以通过发红包或者提供优惠实用东西的方式进行广告合作投放，以此推荐自己的公众号。

2）自己创建主题群

直播平台都有精准的定位，依据定位确定一个群主题后，找到核心好友私聊并拉进群做原始积累，然后再将之前参加同类型群的好友推荐到自己的群，并在恰当的时间推送有价值的内容、自己的公众号，引流到自己的直播平台上。

3）借助微信工具营销

微信工具有微信群、朋友圈、@等功能。利用这些工具可以或多或少达到一些营销的目的。例如，对微信群营销的人来说，通过@所有人可以快速地给自己“吸粉”、实现群成员的裂变。

4）参加一些相关群活动

网上有很多在线分析的微信媒体，大家可以从网上搜罗一些这样的媒体，联系运营人员确定分享主题。然后设置福利环节，推荐公众号，最终引流到自己的直播平台。

2. 公众号引流

微信公众号是腾讯专门为个人、企业和组织提供业务服务与用户管理的全新服务平台，是在吸引和留住粉丝的基础上，通过服务客户，为客户提供方便，进行品牌推广、活动推荐、企业动态展示等，这是一种粉丝营销，目的是让更多人知道、了解、信任、选择自己的直播平台，而不是一个直接的营销工具。

直播平台通过公众号，可在微信平台上实现和特定群体在文字、图片、语音、视频全方位沟通、互动，从而形成一种主流的线上、线下微信互动营销。如何在公众号增加粉丝量？其引流方式如图 7-5 所示。

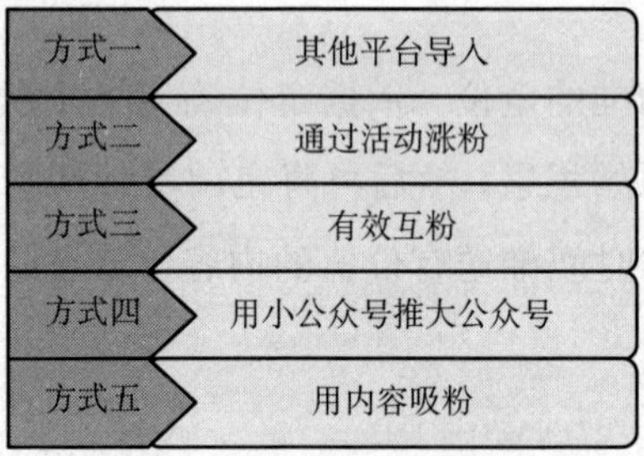

图 7-5　公众号引流方式

1）其他平台导入

直播平台可以将微博、QQ、网站等来源的用户群，通过相关的宣传、奖励活动和激励政策，迅速把粉丝从原有平台转移到微信公众号。

2）通过活动涨粉

直播平台可以通过线下活动涨粉。比如，关注送小礼物、关注并分享送话费、分享有礼、疯狂大转盘、领红包等方式。

3）有效互粉

常见的互粉方法有 QQ 群内互粉、加入平台互粉等。

4）用小公众号推大公众号

用小公众号推大公众号是在做主公众号的同时，做几个公众号，以舆论导向为主号吸粉。

5）用内容吸粉

在陌陌、BBS、贴吧、百度百科等平台，分享精品内容，吸引粉丝关注。

7.2.3 新浪微博、博客

新浪旗下的微博和博客也是比较有效的引流平台，下面将对这两个平台的引流方法一一介绍。

1. 微博引流

有人曾这么形容微博："当粉丝超过 100 个，微博就是一本内刊；当粉丝超过 1 万个，微博就是一本杂志；当粉丝超过 100 万个，微博就是本地电视台。"那么，如何让影响力巨大的微博成为拉粉利器？其方法如图 7-6 所示。

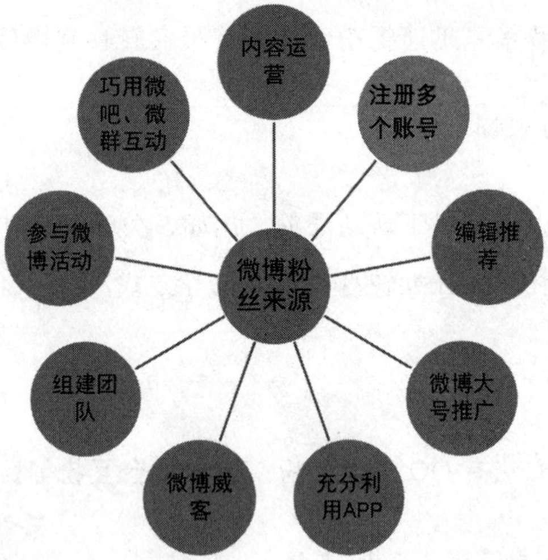

图 7-6　微博粉丝来源

1）内容运营

内容更新一定要是干货。现在的互联网已经厌倦了文字，逐步走向图片、视频，所以分享的内容一定要图文结合，最好穿插视频。

2）注册多个账号

有的平台不要求用手机号注册，可以使用邮箱、QQ 等方式，这样，就可以通过多种正规渠道注册多个账号。比如，在微博上通过不同渠道注册账号，然后让自己的这些账号关注 N 个用户，在这 N 个用户中总会有相当一部分反过来关注你，周而复始。大概几个月后，总会有几个账号脱颖而出。比如，比较热门的微博“冷笑话精选”就是通过批量注册账号获得众多粉丝的。

3）编辑推荐

获得编辑推荐一方面来自已有的影响力，如俞敏洪、雷军这样的名人，另一方面则来自人脉，如知名 IT 博主卢松松的一位朋友之前被新浪微博推荐到 IT 名人堂里，短短一周粉丝量就已经过万。

4）微博大号推广

有很多草根微博大号靠微博大号推广的方式，都非常快地获得了很多粉丝。如果你的微博粉丝已经很多，可以利用自己的资源跟别人互换。但是对没有资源的新手来说，可以找一些微博大号帮助自己推广，人气必定大大提高。

5）充分利用 App

新浪微博和腾讯微博都有很多互粉和涨粉的 App 应用。而像 QQ、陌陌等交流工具，目前市场上也出现了很多相应的加粉 App。你可以充分利用这些 App 多加好友，它们方便、快速，能在较短的时间里，得到很多粉丝。一般情况下，一天可以得到几百个粉丝甚至上千个粉丝。

6）微博威客

可以利用“微博威客”类的网站，通过做任务、攒积分等方式换取粉丝，虽然这种方式操作较为烦琐，但大都能保证粉丝的真实性，非常适合草根微博操作。

7）组建团队

俗话说：“一个好汉三个帮，一个篱笆三个桩。”个人的能力是有限的，在微博发展的同时，最好寻觅一些合适的人选，组建团队，逐渐壮大实力，增强抵御风浪的能力。

8）参与微博活动

我们可以多参与一些微博上的活动（比如，公益活动、主题活动、节假日活动、推出新话题等社会正能量的一些活动）来扩大影响力。参与、举办的这些活动可以更有效地激发网友们的积极性、主动性，提高粉丝的忠诚度。如果有一定的财力支持，可以适时地举办有奖活动，充分调动网友的能动性、发挥其潜力，进一步挖掘粉丝周围的粉丝。

9）巧用微吧、微群互动

有了一个好微博，就要推广出去，让大众看到你、认识你。微吧、微群就是一个好去处。根据自己的微博分类，寻找一些对应的人气旺的微吧和微群，在这里经常发博，积极互粉、互动。经过一段时间的坚持，就能吸引很多志趣相投的粉丝。

2. 博客引流

关于博客引流，有网络高手对免费博客的效果做过分析："保守估计，每个博客每天引 IP 流量 5 个，也就是 5 个人。每个月，一个博客就是 150 个 IP 流量。在这 150 个 IP 流量中最少有 3 个 IP（人）会通过博文中的主关键词，点击超链接进入你的网站。也就是说，一个博客每月会为网站引来 3 个 IP 流量，那么 3000 个博客，每月为网站引来的 IP 流量就是 9000 个。平均到每一天算，每天为网站引来 IP 流量就是 3000 个。"从上面的引流数据量来看，博客引流的方法十分高效。具体方法如图 7-7 所示。

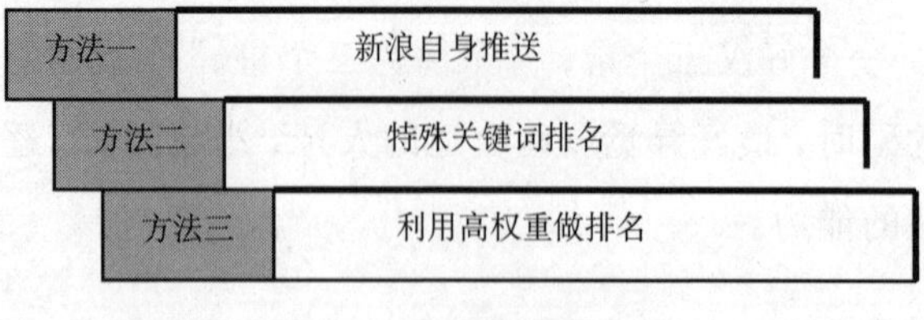

图 7-7　博客引流方法

1）新浪自身推送

新浪博客官方会把好的博客文章推送到博客首页，而在首页的文章将会得到非常多的流量。那么，如何才能将文章推送到首页呢？我们可以建立几个博客，坚持更新内容，比如军事内容、时评杂谈等。可以到各大新闻网站，寻找相关素材，坚持不断地发布新内容，然后再循环操作，一段时间后即可看到效果。

2）特殊关键词排名

这里的特殊关键词是一个本身没有人搜索的长尾关键词，最好新建一个词，这样的关键词很容易做出排名，基本上被收录就有排名。不要担心没人搜索，要在“百度知道”引导受众搜索这个关键词。然后搜索之后，就能发现博客排在第一名。

3）利用高权重做排名

新浪博客本身就有很高的权重，只要把博客的内容和外链优化好，取得好排名就变得很容易。利用博客高权重引流的方法操作简单，每天只要发相关内容，做好内链和外链建设，就会比普通博客排名快。这种方法要批量申请博客、批量采集博客内容、做长尾关键词排名。

7.3 软文引流

软文是一种相对于硬性广告而言的“文字广告”。作为生命力最强的广告形式，软文的精妙之处在于“软”字，绵里藏针、以柔克刚，可以在无形之中增强品牌可信度，把用户代入直播平台的营销圈。同一时段大量的软文，可以提高直播平台的曝光度，让其能很快引起大众的关注。同时，在软文中增加有效外链，可以吸引读者点击，为平台带来基础流量，提高平台在搜索引擎中的排名。

7.3.1 直播平台标题的七大写法

广告大师莱昂内尔·亨特曾经说过：“如果标题不够引人注目，那内文写什么都没有用。有时候标题连一个词都算不上，却胜过千言万语。”对于软文，一个好标题至关重要。标题是软文营销最重要的部分，通常，受众会根据标题决定读不读正文。据统计显示标题的阅读量往往是正文的 5 倍之多，换句话说，受众为一篇软文的标题付费 80%。如果不能让受众被标题吸引，就白白浪费 80%的成本。图 7-8 显示了好标题的七种类型。

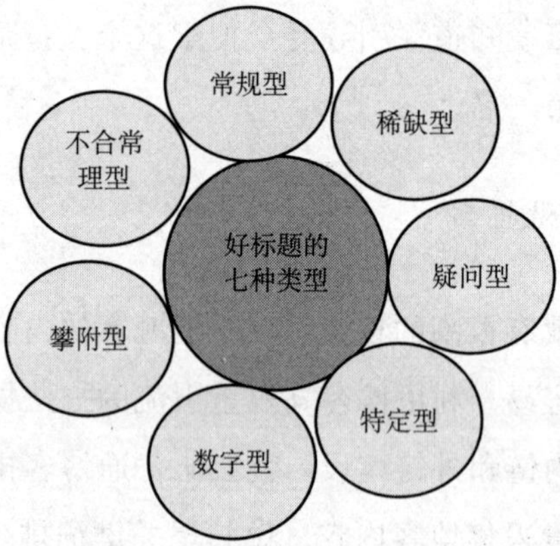

图 7-8　好标题的七种类型

1. 常规型

标题要先有干货，再谈技巧。标题就像商品的价码标签，必须让受众对该软文所推销的直播名称、效用或者达到的目的一目了然。巨人网络创始人史玉柱说：“我们都是普通人。作为第一步，先把需要的基本资料清清楚楚备好，把要说的罗列出来就可以了。等基本资料有了，框架清楚了，然后再修饰它。”

2. 稀缺型

所谓“稀缺”，强调的是一种资源的有限性和需求的无限性之间的极度不平衡。在这种情况下，能否获得有限的资源，在很大程度上取决于个人的能力、地位等。也就是说，占有这种稀缺资源的人，相比不具备这种资源的人更有某种优越性。稀缺型标题就是激发用户对某种可诱惑力很大的资源的向往，著名广告人苏茜 · 亨利说过：“稀缺的，就是最好的，别问为什么，看看人类对奢侈品的向往就明白了。”

3. 疑问型

疑问型标题也可以称为设问式标题。在写标题时，可以采用疑问和反问的修辞手法，以达到引发受众好奇心的目的。其核心点是在题目中提出一个问题，然后在文章正文中围绕这个问题自问自答。例如，“华为为什么成为最受外媒尊敬的中国 IT 公司？”“人类可以长生不老？”“什么使她重获新生？”“牛皮癣，真的可以治愈吗？”等。通过设问引起话题和关注，是采用疑问型标题的优势。

4. 特定型

特定型标题是指文章标题限制了某些要素，软文采用特定型标题，能明确受众，并指定内容，可以吸引目标人群及目标外的人群。例如，“1982 年出生的人来聊聊”“A 型血天蝎座男孩的性格特征”“‘90 后’女生的两性观念”。采用特定型标题，可以运用特定的内容聚拢特定的人群，从而与之产生共鸣，并扩大共同的话题，最终产生特定的效应。

5. 数字型

列数字的方法可以产生巨大的冲击力，让受众感受到震撼。当受众遇到数字的时候，好奇心驱使受众从数字中寻找答案，从数字中得到力量。一般而言，数字越大，带给受众的震撼也越大。例如，“资产超 2000 亿元，铁塔是做超级独角兽还是 A 股上市？”“天猫双 11 成交 571 亿元”，“双 11 手机销量破吉尼斯纪录 ，售出 200 万台！”等。

6. 攀附型

攀附型标题讲究的是借势，可以利用名人效应增加点击量。“我们都是名人的崇拜者。名人的知名度越高，能吸引的读者也就越多。”这句话被“为硅谷策划行销的人”里基斯 · 麦金纳奉为金科玉律。名人效应能够带来双赢的效果。不过，很多软文由于选择了与直播平台气质不相符的名人，反而适得其反，使得明星看起来就像外籍雇佣兵，被人们认为代言或转发企业微博就是为了赚钱。有些守旧的观点认为，使用明星宣传直播平台，是侮辱受众的智商，毕竟“谁在乎琳达 · 艾乐碧是否爱喝麦斯威尔咖啡呢？”

7. 不合常理型

美国最顶尖的软文人罗伯特 · 布莱说：“标题是广告的一部分，功能在于引起注意，而引起注意是说服读者购买产品的第一步。”在文章标题中使用看似相互矛盾说法，往往可能有意想不到的效果，所有不合常理的东西，都能吸引人的关注。人人都想知道，人人都会打破砂锅问到底。例如，“今年 48 岁了，我还是一个光棍”“千万不要跟产品人讨论产品”“发小广告我赚了 5 亿元”等。对某些读者来说，不合常理型标题往往能让其站在自己的一边去讨说法，从而吸引更多眼球。

此外，还要让软文标题看起来有创意，这时要把握设置软文标题的几种模式，如图 7-9 所示。

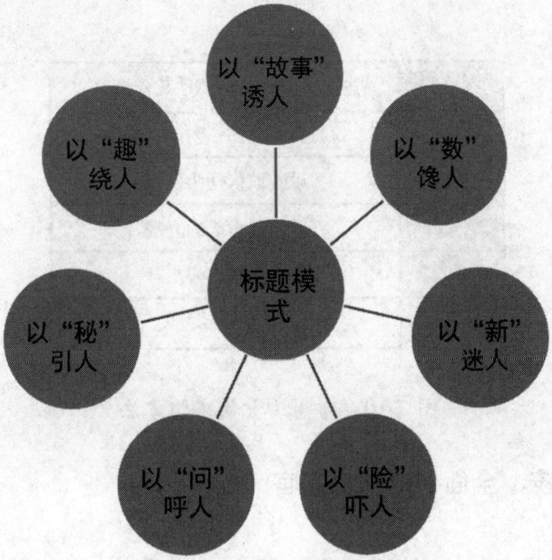

图 7-9　诱人的标题模式

其实，还有很多设置标题的方法。比如，对比型、情感型、新闻报道型、励志型等。只要标题有创意、立题新颖，软文自然能够勾起目标客户的欲望，还怕没有人点击吗？

7.3.2　如何为直播平台写一篇高质量的软文

软文营销的本质是软性广告，其目的是追求成本的最小化和回报的最大化，因此在撰写过程中不可能回避其商业本性。与广告一样，软文也需要定位，这是软文营销的突破口。然而，软文必须借助一定的伪装形式，例如新闻资讯、管理思想、企业文化等，以达到获取读者信任的宗旨。软文营销的关键在于把直播平台的卖点讲透彻、说明白，并且要贴合用户的兴趣与利益，同时文章要质量高，以形成口碑宣传。

那么，如何为直播平台写一篇高质量的软文呢？其方法如图 7-10 所示。

方法一	图文并茂，全面调动粉丝感官
方法二	流行元素越多，粉丝越冲动
方法三	以获取信任为宗旨
方法四	着力于粉丝的兴趣
方法五	造新闻有噱头
方法六	巧借东风写软文

图 7-10　写高质量软文的方法

1. 图文并茂，全面调动粉丝感官

研究显示，人类大脑处理图像比语言的进程快 60000 倍，回忆图片信息的容易程度是回忆文字信息的 6 倍。因此，将要表达的信息用图片形式展现出来，更易于受众的理解与记忆。因此，图片软文能在最短时间内以最快的速度吸引读者的目光。

2. 流行元素越多，粉丝越冲动

“最近流行什么”是非常牵动人心特别是主流消费群体的话题，想要让自己的软文牢牢抓住这些人的眼球，就必须对当下这个行业的流行元素进行了解。对行业越熟悉，写出来的东西越容易打动人，对当下一些流行元素的丰富积累会给软文带来丰富的视角和独特的见解。

3. 以获取信任为宗旨

成功的软文不仅要“软”，还要“真”。“软”是指文章能够以出色的

文采博得用户的关注，而“真”是指让用户相信软文传递的内容的真实性，认同软文的观点。全球顶级广告创意人汤姆·托马斯说：“每一则广告所遇到的问题并不只在于如何引起注意，还在于如何令人相信。”

4．着力于粉丝的兴趣

广告业的反叛者霍华德·葛萨奇说：“人们不读软文，他们读任何引起他们兴趣的东西。”因此，软文的首要任务是引起用户的兴趣。许多研究都发现了一个事实，极少人会读超过一半的文章内容。一个令人好奇的标题会吸引很多人点击，一幅异想天开的图画也会让很多人驻足。

5．造新闻有噱头

从人性来说，人们对一些新鲜人、新鲜事都怀有一颗很强的好奇心。把握住人类的这种心理特征，再结合一些“热点”新闻，创作的内容才具有新闻价值，这类软文一旦能够引起人们的共鸣，势必会引出巨大的轰动效果。特别是在网络传播的时候，有新闻价值的文章往往能获得广大网民的疯狂转载。然而，每天都有很多新闻发生，什么样的新闻是有价值的呢？我的回答是，通过新闻写软文，必须有一定的噱头，在眼球经济的今天，无论何种营销都会把噱头放在第一位。

6．巧借东风写软文

无论是好时机，还是坏时机，只要用对地方，把这些时机当作有利于你的“东风”，什么样的时机都是好时机。然而“东风”不是总有的，这需要时刻警惕着，不断发现“东风”，并善于抓住机会，莫错失良机。图 7-11 所示为四种在软文中巧借“东风”的方法。

方法一	借名人软文的“东风”
方法二	借平台主播的“东风”
方法三	借对手的“东风”
方法四	借朋友圈的“东风”

图 7-11　巧借“东风”的方法

7.3.3　有“料”、有“味”才是硬道理

在开始写软文之前，其实创作的过程就已经开始了，在前期应该做好早期计划：写些什么，从什么角度写，采用哪种形式。要想让软文有吸引力，前期准备中最重要的是为内文找好“佐料”，而且这些“佐料”要在软文的开场白中加上。

英国 Sainsbury 超市推销皇后橄榄的软文在开头写道：“皇后橄榄比老百姓橄榄大两倍。”“果肉肥嫩却有嚼劲，更有种清香的果味使它成为美味的开胃小菜。”其中，第一句话强调橄榄更大，第二句则强调“加倍美味”，这些就是软文的“佐料”——以产品的利益为出发点。对直播平台的软文来说，应该尽可能地把“料”放在软文开头，突出的“料”和“味”是对读者最具吸引力的焦点。

然而在实际操作过程中，许多人以文字游戏、双关语以及一些与直播平台毫不相关的信息作为软文的开头，希望借此吸引读者，打算在软文末尾给读者留一个惊喜，来一个漂亮的收尾，于是就把直播平台最有吸引力的卖点留到软文最后。这样的做法是大错特错的，因为如果读者不能在第一时间就看到产品最吸引人的好处，可能他们连标题都懒得看完。

软文开头要有料，什么是“料”呢？下面通过苹果公司的例子说明。

苹果公司可以说是一家在全球闻名遐迩的科技公司，不仅因为它的创始人乔布斯——一个改变世界的人，更重要的是因为它“有料、任性”。在乔布斯时代，“苹果”没有把用户当上帝供着，他们只是向用户提供最优秀的产品，却能让用户愿意通宵达旦排队购买。乔布斯就是这么“傲慢”，虽然现在他已经不在了，但“乔布斯”三个字一直根植在每一位苹果工程师的观念里，那些年轻的天才设计师们依旧“傲慢”，但是他们拥有“傲慢”的资本，那就是对产品和服务的精细打磨，这就是苹果的“料”，也是他们能任性赚钱的主要原因。

苹果每次推出新产品时，都会在宣传软文中抖出一个“料”，比如，“让妈妈开心地开了又开的礼物”“迄今为止改变最大的 iPhone”“这再次改变了一切”“苹果颠覆了手机行业”等。

苹果推出了“苹果音乐”服务（Apple music），由于在“苹果音乐”中拥有许多不错的资源，比如国内一些实力派歌手以及国际大牌明星的歌曲，因此“苹果音乐”刚上线不久，就凭借着“料”——这些本土歌手和世界大牌们的名曲，撬开了用户的钱包。

软文要想有“料”，其来源渠道相当多，主要来源渠道如图 7-12 所示。

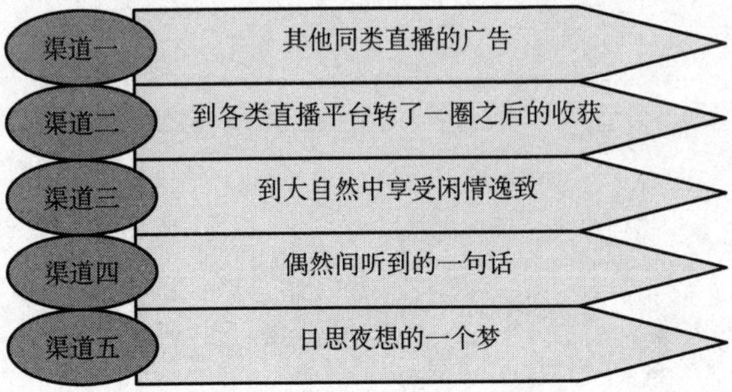

图 7-12　软文有“料”的来源渠道

撰写软文如同做汤，也许刚开始时找到的“佐料”有限，“汤”看起来寡淡无味又没什么内容，但是只要继续加，最后一定会煮出浓稠又好喝的汤。

在找到“料”以后，还要做好同类直播的广告调查，尤其是这些平台之前采用的广告软文，它们绝对值得细细研究。只要是自己认为有趣或有说服力的东西，都要记得收集起来。即使是最烂的广告，其中也有可能暗含着非常有趣的事实。所以，要尽可能多地调查竞争者的广告。

此外，直播平台也不要放过产品宣传册、技术说明书、独立研究结果报告，以及那些能找到的所有关于用户和产品的剪报，甚至是直播平台的年度报告，这些都有可能包含“奇珍异宝”。

8 如何规避政策风险

直播行业在火爆的同时，也暴露出一些问题。2018 年 2 月 6 日，全国“扫黄打非”办公室组织百度、阿里巴巴、腾讯、新浪网、微博、今日头条、金山、奇虎、YY LIVE、映客、快手等 16 家互联网公司，在北京召开整治网上低俗信息的会议。其实在 2018 年 1 月有不少短视频、直播平台因传播低俗信息被整改。可见，加强直播内容管理，不触碰政策红黄线，才能让直播平台持续健康、良性、发展。

8.1　职务行为变经纪公司行为

如今，在线直播平台如雨后春笋般出现，上海市文化广播影视管理局游戏产业相关负责人表示，目前，针对网络娱乐主播直播内容的问题，在法律上还没有明确的规范，直播平台风险如图 8-1 所示。

图 8-1　直播平台风险

在图 8-1 所示的四种风险中，内容监管是直播平台最棘手的事。一般情况下，内容监管解决路径如图 8-2 所示。

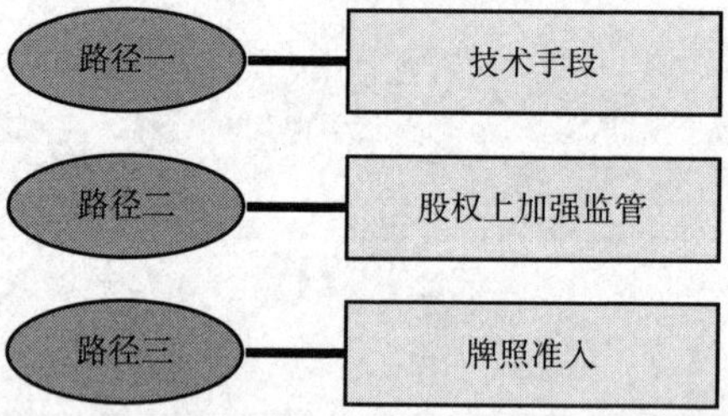

图 8-2　内容监管解决路径

在内容监管解决路径中，主要有两种技术手段：一种是流量监控，对异常增加流量重点监控；另一种是大数据监管，精准识别色情、暴恐、小广告等违规图片和视频。

股权上加强监管主要是让正规平台收编小平台从而加强监管。

然而，直播平台对主播行为监管和负责是一件非常复杂的事，因为每一个视频直播都有一个接口，平台上的视频直播量是有目共睹的，如果监管工作让直播平台自己做，这个工作量是巨大的，需要一年花几千万元甚至几亿元来维护带宽和机房，几乎没有一家直播平台会花费这么大笔资金来做这件事。于是，直播平台把这种监管任务转交给了经纪公司。

直播行业发展初期，由于缺乏相应的法律法规和政策监管，很大一部分直播平台和主播没有经过资质审核和内容监管就流向了直播市场。2017年，国家新闻出版广电总局发布通知，要求直播平台必须持有《信息网络传播视听节目许可证》，并设置了准入门槛，从牌照方面规范直播内容。

8.1.1 与经纪公司签约，不与主播直接签约

大型直播平台的主播人数都已经过万，面对越来越多的网络主播，直播平台直呼管不过来。现在相关法律规定，如果直播平台的涉事主播是平台的签约员工，那么主播的行为应属职务行为，直播平台应该承担管理责任。如果直播平台的主播仅为注册会员，在平台不知情的前提下直播不雅视频，主播个人将承担法律责任，若平台知晓却放任不管，也应负管理责任，因此直播平台都在加强监管，竭力规避风险。

正因如此，直播平台现在面临的最大挑战既不是融资，也不是缺人，而是在运营监管过程中对直播内容尺度的把握，直播平台运营最困难的地方在于如何能更有效地审查大大小小的直播间。

为了减少监管压力和风险，现在大多数直播平台都对主播准入规定，主播需要加入一个公会或家族，才能进行直播。这些公会和家族往往就是经纪公司在操作。无论是公会还是经纪公司，他们都会对旗下的主播行为监管和负责，这也是直播平台更倾向于选择在公会或与经纪公司签约的主播的原因。据一名业内资深人士介绍："直播平台不与主播直接签约，不产生法律关系，而是由经纪公司签约、管理，这是直播平台规避风险的一个方法。"

正是由于直播平台不与主播直接签约，而是通过经纪公司与主播签约，这种通过第三方签约的方法，能使直播平台在很大程度上规避风险。例如，前段时间，某些直播平台上的主播出现严重的违法行为，但平台却没有被查封，原因就是在现行的监管体制下，各平台都在想方设法通过各种手段规避风险。

通过经纪公司与主播签约是直播平台规避风险的最简单方法。因为如果某位经纪公司旗下的签约主播因为直播触犯法律，责任应由该主播和该主播所在的经纪公司承担，在实际追责过程中，责任追究到经纪公司一环就停止了，直播平台不承担任何责任。这样，直播平台不仅规避了风险，而且还省了不少事。不过，现在很多主流直播平台、经纪公司旗下的签约主播都为专业类主播，根本无须通过涉黄、涉暴博取公众的眼球。

8.1.2 进行主播行为规范培训

虽然现在直播平台采取不少措施规避风险，但平台要想长期发展，还要对主播的行为做总体把控，以便为主播营造良好的直播环境。为了减少监管上的人力、物力，直播平台应对平台的主播行为进行规范培训。下面以斗鱼 TV 为例，介绍如何对主播进行行为规范培训。

为了规范主播行为，斗鱼 TV 曾发“扣分系统”公告，目的是对违反公告规定的主播严查，扣分系统总分值为 12 分，管理期间将对直播违规行为扣分，主播直播间分数小于 4 分时，系统将关闭该直播间的礼物、酬勤系统，超管将重点关注该直播间，当直播间分数为 0 分时，将永久封停该直播间。斗鱼 TV 官方公告对主播行为、着装进行了严格的限定，其内容如下。

（1）女主播服装不能过透、过露，不能只穿比基尼及类似内衣的服装或不穿内衣，不能露出内衣或内裤（安全裤），违规扣 1 分。

（2）女主播背部的裸露部位不能超过上半部的 2/3 以上即腰节线以上，违规扣 1 分。

（3）女主播下装腰部必须穿到骨盆以上，低腰下装不得低于脐下 2 厘米，即不得露出胯骨及骨盆位置，短裙或短裤下摆不得高于臀下线，违规扣 1 分；男主播不得仅穿着三角或四角及类似内衣的服装、紧身裤直播，且裤腰不得低于胯骨，违规扣 1 分。

（4）女主播胸部的裸露面积不能超过的胸部 1/3，上装最低不得超过胸部 1/3 的位置，违规扣 1 分。

（5）主播拍摄角度不得由上至下拍摄胸部等敏感部位，由下至上拍摄腿部、臀部等敏感部位，违规扣 1 分。

（6）主播不得长时间聚焦腿部、脚部等敏感部位，违规扣 1 分。

（7）游戏分类（标签为游戏类别）主播摄像头不得超过游戏界面 1/3 且不得超过整体屏幕 1/4，违规扣 1 分。

（8）主播不得进行具有挑逗性的表演，包括但不限于脱衣舞等，违规扣 1 分。

（9）主播不得进行带有性暗示的抚摸、拉扯、舔咬、拍打等有暗示动作，或使用道具引起观众对性敏感部位的注意，也不能利用身体上的敏感部位进行游戏，包括但不限于猜内裤的颜色、猜内衣的颜色、剪丝袜、直播脱/穿丝袜、撕扯或剪衣服等，违规扣 1 分。

（10）主播不得做出有走光风险的动作，包括但不限于弯腰、高抬腿、双腿分开、劈叉、下腰、倒立、频繁切换坐姿等，违规扣 1 分。

（11）主播不得以诱惑、挑逗性质的声音、语言吸引观众，包括但不限于模仿动物发情时的叫声、使用直接或者隐晦性暗示词语，违规扣 1 分。

（12）禁止主播以暴力工具【枪支（含仿真枪）、刀具等】、赌博工具、性用品、内衣等涉及不雅内容的物品作为表演道具，违规扣 1 分。

（13）国家公务人员，直播身穿制服，需先联系客服报备，非国家公务人员不得身着相关制服进行直播，违规扣 1 分。

不以规矩，不成方圆，斗鱼 TV 这次的直播公告对主播容易出格的行为、语言、着装都进行了严格的限定，内容既详细又严密。其他平台想要做大做强谋求长远发展，也应该学习斗鱼 TV 的规范要求，共同努力让直播走上合理合法的规范化道路。

8.2 设立三道红线，由开除到整改

各直播平台加强内部整治工作。2016 年 4 月，新浪、搜狐、优酷、百度等 20 余家网络直播平台共同发布《北京网络直播行业自律公约》，主要内容如下。

（1）自 4 月 18 日起，各平台新申请主播须按照要求实名认证，18 岁以下不能注册。

（2）现有主播未实名注册者，须于 6 月 1 日前完成认证。

（3）网络直播房间必须标识水印。

（4）内容存储时间不少于 15 天，以备审查。

（5）审核人员要对直播内容进行 7×24 小时实时监管。

（6）对于播出涉政、涉枪、涉毒、涉暴、涉黄内容的主播，情节严重的除封号外还将列入行业黑名单。另外，各直播平台一律不得再为黑名单主播提供直播空间。

此外，为了让直播平台有据可依，中华人民共和国文化和旅游部于 2016 年 7 月 1 日发布《关于加强网络表演管理工作的通知》，在“加强内容管理，依法查处违法违规网络表演活动”方面，文化和旅游部的规定摘录如下。

内容管理是网络表演管理工作的重点。各级文化行政部门和文化市场综合执法机构要加强对辖区内网络表演经营单位的日常监管，重点查处提供禁止内容等违法违规网络表演活动，包括：提供含有《互联网文化管理暂行规定》第十六条规定的禁止内容，或利用人体缺陷或者以展示人体变异等方式招徕用户，或以恐怖、残忍、摧残表演者身心健康等方式以及以虐待动物等方式进行的网络表演活动；使用违法违规文化产品开展的网络表演活动；对网络表演活动进行格调低俗的广告宣传和市场推广行为等。

对提供上述违法违规网络表演的网络表演经营单位，文化行政部门和文化市场综合执法机构要依据《互联网文化管理暂行规定》坚决予以查处，没收违法所得，并处罚款；情节严重的，责令停业整顿直至吊销《网络文化经营许可证》；构成犯罪的，依法追究刑事责任。地方文化行政部门和文化市场综合执法机构要按照“谁处罚，谁列入”的原则，根据情形，将违法违规网络表演经营单位列入黑名单或警示名单。

对提供违法违规网络表演的表演者，地方文化行政部门和文化市场综合执法机构要责令所在网络表演经营单位关停表演者频道，并及时将违法违规表演者的信息和证据材料报送文化部。文化部根据情形，将违法违规表演者列入黑名单或警示名单。列入黑名单的表演者，禁止其在全国范围内从事网络表演及其他营业性演出活动，具体时限视违法违规情节轻重确定。

文化行政部门负责将黑名单通报同级有关部门，并建议实施联合惩戒，强化对违法违规网络表演经营单位和表演者“一处违法，处处受限”的信用监管。各级行业协会要在本行业协会范围内，对列入黑名单的网络表演经营单位和表演者予以通报并抵制。

8.2.1 违法涉政内容

主播需要对直播内容负责，保证直播环境健康有序。比如，对面直播是一个大型的美女主播手机直播平台，对面直播为了规范平台内主播的行为，专门制定《主播规范手册》。下面是对面直播为了规范主播行为，制定的细则条例节选。

（1）违反宪法确定的基本原则的。

（2）危害国家安全，泄露国家秘密，颠覆国家政权，破坏国家统一的。

（3）损害国家荣誉和利益的。

（4）煽动民族仇恨、民族歧视、破坏民族团结的。

（5）破坏国家宗教政策，宣扬邪教和封建迷信的。

（6）散布谣言，扰乱社会秩序，破坏社会稳定的。

（7）散布暴力、恐怖或者教唆犯罪的。

（8）煽动非法集会、结社、游行、示威、聚众扰乱社会秩序的。

（9）其他可能引起或已经引起不良影响的政治话题。

直播平台还严禁主播违反国家法律法规的行为，举例参考如下。

（1）展示毒品样品、表演及传播毒品吸食或注射方式、讲解毒品制作过程等一切与毒品相关的内容。

（2）组织、宣传、诱导用户加入传销（或有传销嫌疑）的机构。

（3）与赌博或涉嫌赌博有关的任何活动。

（4）播放自己或他人的腐朽、低级趣味活动，如享受不道德的、腐朽的消费等。

（5）其他低俗涉黄行为。

8.2.2 一般违规行为

下面是对面直播严禁主播进行威胁生命健康，或利用枪支、刀具表演的行为条例，举例参考如下。

（1）使用刀具、仿真刀具、枪支、仿真枪支表演具有高度危险性的节目等。

（2）表演危害他人人身安全的内容，如殴打他人、威胁他人等。

（3）表演危害自身安全的内容，如自残、自杀等。

（4）表演危害动物生命健康的内容，如虐待小动物等。

（5）其他威胁生命健康的表演。

严禁主播侵犯他人合法权益的行为，举例参考如下。

（1）侵犯他人隐私，危及公众利益，未经当事人同意，禁止公开他人姓名、住址、电话等个人资料、进行任何形式的采访、与公众进行互动及其他隐私信息。

（2）使用文字、语音、图片等任何形式宣传其他同类型语音、视频平台。

（3）播放未经授权的影视作品。

（4）进行其他侵害他人合法权益的行为。

（5）冒充媒体、电视台、记者等名义进行直播活动。

（6）发布广告信息，包括所有违反国家法律及平台相关管理规则的信息，如赌博类、博彩类、成人用品类、枪支、军刀、弓弩类、成人影视类、云盘类广告、性用品、保健品类、香烟广告、非法性药品广告和性病治疗广告等相关内容。

严禁主播以任何形式表演带有色情、涉黄擦边、引起他人性欲、低级趣味的行为，举例参考如下。

（1）通过各种方式展示或隐晦展示具有性特征的身体敏感部位，比如，将镜头刻意聚焦性敏感部位，进行带有性暗示的抚摸、拉扯等动作，使用性用品（或容易联想到性用品的其他物品）作为表演道具，其他性暗示行为。

（2）传播具有性行为、性挑逗或性侮辱内容的任何信息，比如，传播侵犯他人隐私的走光、偷拍、漏点等信息，传播招嫖、一夜情、换妻、性虐待等有害信息，传播情色游戏、动漫，传播淫秽、低俗网站，传播涉黄、带有性挑逗的图片、言论、歌曲、文字、视频、声音等内容。

8.2.3 轻微违规行为

除了以上违法违规行为外，对面直播对主播的其他规范要求，举例参考如下。

（1）严禁以低俗、暴露、带有明显性暗示的妆容进行直播。比如，男性赤裸上身；女性穿着过于暴露，如露出胸部、臀部、内衣物等敏感部位；穿着情趣制服、情趣内衣、暴露装、透视装、肉色紧身衣、内衣外穿等；穿着带有中华人民共和国（包含港澳台）国家机关人员、军队的工作制服进行娱乐性质直播；其他不雅妆容。

（2）严禁在直播镜头前抽烟、喝酒、用餐。

（3）严禁恶意攻击他人，包括谩骂、诽谤、地域攻击等。

（4）严禁直播过程中发布商业性质的广告，如微商、淘宝等。

（5）严禁直播中出现外站 LOGO，宣传外站信息，引导用户去往外站等。

（6）严禁消极直播，如挂机、无互动交流、做与直播不相关的事情。

（7）严禁进行其他类涉政、涉黄、违法、侵权，或威胁生命健康等其他类型违反本平台相关秩序规范的表演。